乐尚读书吧

雅量纳沧海

韩 震 主编

河北出版传媒集团 河北少年儿童出版社

图书在版编目（CIP）数据

雅量纳沧海 / 韩震主编. — 石家庄：河北少年儿童出版社, 2023.11
（乐尚读书吧）
ISBN 978-7-5595-6105-3

Ⅰ. ①雅… Ⅱ. ①韩… Ⅲ. ①品德教育－中国－儿童读物 Ⅳ. ①D432.62

中国国家版本馆CIP数据核字(2023)第208500号

乐尚读书吧
雅量纳沧海
YALIANG NA CANGHAI
韩 震 主编

选题策划 段建军 孙卓然 赵玲玲
特约编辑 王瑞芳 乔 熙
责任编辑 刘 欣 王玮淞
装帧设计 王立刚
美术编辑 魏 洁
插 图 贾 斌 王 涛

出 版 河北出版传媒集团 河北少年儿童出版社
（石家庄市桥西区普惠路6号 邮政编码：050020）
发 行 全国新华书店
印 刷 鸿博睿特（天津）印刷科技有限公司
开 本 720 mm × 940 mm 1/16
印 张 12
版 次 2023年11月第1版
印 次 2023年11月第1次印刷
书 号 ISBN 978-7-5595-6105-3
定 价 32.80元

目录

将相和 …………………………… 001
浇瓜之惠 …………………………… 007
中兴之主刘秀 …………………………… 011
梁上君子 …………………………… 015
蒋琬的气度 …………………………… 021
明君与诤臣 …………………………… 025
宰相肚里能撑船 …………………………… 030
雅量纳沧海 …………………………… 035
逐鹿天下　有容乃大 …………………………… 039
桐城名巷——六尺巷 …………………………… 043

被中断的上诉 …………………………… 049
失而复得的项链 ………………………… 054
靠什么赢得竞选 ………………………… 059
一位画家的诞生 ………………………… 065
一首特殊的告别曲 ……………………… 071
把对手变成朋友 ………………………… 075
有一种姿态叫作巴黎 …………………… 079
“怀特-罗伯特”诊所 ……………………… 085
莫斯科人的胸怀 ………………………… 091
背后那一枪 ……………………………… 097
加尔各答的奇迹 ………………………… 102

硬汉柔情曼德拉 …………………… 106
村落里的不平凡经历 ……………… 111
没有金牌的“冠军” ……………… 116
第三十三块悼念碑 ………………… 121
管鲍之交 ………………………… 126
君当以宽 ………………………… 132
宽以待人苏东坡 ………………… 136
让路 ……………………………… 140
一把特殊的“椅子” ……………… 145
生死抉择 ………………………… 151
李叔同的为师之道 ……………… 156

大作家与小书童 ………………………… 161

带墨点儿的白衬衣 ……………………… 167

沉重的土豆丝 …………………………… 173

吉姆的选择 ……………………………… 178

将相和

在我国战国时期，最有实力的几个国家是齐、楚、燕、韩、赵、魏、秦，人称“战国七雄”，其中又以秦国实力最强。

赵国有一块无价之宝，叫和氏璧。秦王知道了，写了一封信给赵王，说愿拿十五座城换取这块玉璧。赵王接到信，左右为难：如果答应，和氏璧也许会被秦国骗走。如果不答应，秦王也许会以此为借口，趁机进攻赵国。大臣们没有一个人能想出妥善的解决方法，正在此时，有人推荐了自己的门客蔺相如。赵王请人找来蔺相如，告诉他事情的经过。蔺相如沉思片刻，说：“我愿带着和氏璧出访秦国。如果秦王真的拿出十五座城，我就把璧交给他。如果他不肯，我一定把璧完整无缺地送回赵国。”

蔺相如来到秦国，向秦王献上和氏璧。秦王接过玉璧，连连称赞，却绝口不提十五座城的事。蔺相如一看到这种情况，上前一步说：“这块璧有点儿小毛病，让我指给您看。”

秦王把璧交给蔺相如，蔺相如双手捧璧，靠着柱子站定，满脸怒色："我看您根本不打算交付十五座城。现在璧在我手里，您要是强逼我，我的脑袋就和这块玉璧一起撞碎在这柱子上！"秦王连忙叫人拿出地图，指给他看那十五座城池。蔺相如说："和氏璧是赵国国宝，您必须举行一个隆重的交接典礼。"秦王只好同意。蔺相如明白，秦王根本不打算拿城换璧，回到住处，他便叫手下人带着和氏璧，抄小路先回赵国。到了举行典礼那一天，蔺相如面见秦王："和氏璧已被我送回赵国。您若有诚意，先把十五座城交给我国，我国马上派人送璧。不然，您杀了我也没有用，天下的人都知道秦国不讲信用！"秦王虽然生气，但蔺相如所说句句在理，他没有办法，只得将蔺相如礼送回赵国。这就是历史上有名的"完璧归赵"的故事。

"完璧归赵"使蔺相如声名大振。此后，蔺相如又凭借杰出的才华和对赵国的耿耿忠心，立下了诸多功劳。赵王因此封他为上卿，地位比赵国的大将军廉颇还高。廉颇眼看

格言

开诚心，布大度。

——康有为

出身卑微的蔺相如在短短一段时间地位跃升，甚至超过自己，非常不服气，只要一有机会就到处对人抱怨："我廉颇是赵国的大将，攻无不克，战无不胜，不知道为赵国立下过多少汗马功劳！他蔺相如有什么能耐，原本是地位卑贱的人，现在单靠一张嘴，反而爬到我头上去了。要是让我碰见他，我一定要好好羞辱他！"有人将廉颇的威胁告诉了蔺相如，蔺相如什么也没有说，只是经常主动回避廉颇。

有一次，蔺相如带着几个侍从，坐马车外出，廉颇也带着自己的部下，骑着高头大马迎面过来。蔺相如赶紧叫车夫回转马车，把车向另外一个方向赶。蔺相如的侍从大为不满，他吆喝着让马车停下来。蔺相如非常吃惊，问这个侍从："你这是要做什么？"侍从跳下车，对蔺相如施了一礼："我在此向您辞别，请您允许我离开。"蔺相如问他为什么，侍从满脸不屑地说："我们之所以离开亲人来投靠您，是仰慕您崇高的节操。现在您比廉颇地位高，他说了几句威胁您的话，您就如此胆小。这是连普通人都会感到羞耻的事，更何况您是位高权重的上卿！您太让我们失望了！"蔺相如笑了笑，意味深长地问："你们认为，廉颇将军和秦王相比，谁更厉害？"手下的人说："当然是秦王厉害！"蔺相如点点头，继续说道："像秦王那样威严的人，也要听我蔺相如在朝堂之上大声质问，秦王我尚且不怕，我怎么会怕廉将军？但是请诸位想想，为什么强大的秦国到处侵

犯别的国家，却一直不敢进攻我们赵国？原因很简单，就是因为赵国武有廉将军，文有我蔺相如。如果我和廉将军闹不和，必然会削弱赵国的力量，秦国就会乘机攻打我们。我之所以一直避让廉将军，是因为国家危难远比私人仇怨更重要啊！”手下听了蔺相如这一番话，都对他肃然起敬。后来，蔺相如的话传到了廉颇的耳朵里，廉颇被深深感动了。廉颇心想，自己为了个人地位高低，置国家利益于不顾，和蔺相如的深明大义相比，真是惭愧至极。廉颇觉得自己一定要主动向蔺相如谢罪。

一天清晨，人们看到了令人震惊的一幕：赵国大将军廉颇，赤裸着上身，背着两根粗大的荆条，一步一步艰难地向蔺相如府走去。人们都很好奇：廉将军这是要做什么？廉颇府的人看着满头白发、被荆条划出道道血痕的老将军这样责罚自己，流着眼泪纷纷劝阻他。廉颇摇摇头，坚定地说：“是我廉颇犯了错，我就要甘受责罚！”早有人把此事报到了蔺相如府。蔺相如大吃一惊，立刻跑出门外，在半路阻止了廉颇。廉颇看到蔺相如，跪拜在地，含泪说道：“相如兄，想不到你竟有如此宽广的胸怀，请你原谅我以前的粗鄙，我今天是特地来向你道歉的！”蔺相如赶紧扶住廉颇，自己也跪拜在他面前：“廉将军，蔺相如比您年幼，却没有主动去拜访您，还要您来向我道歉，我才是真正惭愧啊！”说完，两个人相携着站起来，相视而笑，冰释前嫌。

经过此事，廉颇和蔺相如尽释前嫌，成了很好的朋友。在他们一将一相的配合下，赵国空前团结，变得越来越强大。

知识链接

和氏璧 我国历史上著名的美玉，最早见于《韩非子》《新序》等书。传说琢玉能手卞和在湖北荆山发现了一块玉，最初不为人知，后来得到了楚文王的赏识，琢磨成器，命名为和氏璧，成为传世之宝。春秋战国之际，几国征战，几经流落，最后归秦，传说由秦始皇制成玉玺。秦灭后，玉玺归于汉刘邦。得传国玉玺者得天下，和氏璧一直流传在皇帝的手中，直至传到唐朝。五代时，天下大乱，流传的玉玺不知所终……和氏璧是一个谜，并且极富传奇色彩。两千多年来的历史文献中，有许多关于它的记载和传说，有许多文人墨客的诗文吟咏。

浇瓜之惠

在战国时期，梁国有一位名叫宋就的大夫，因为平时出色的表现，被委任到边境地区去做县令。这个县和楚国邻界，边境一带的土地适宜种瓜，军队没有战事的时候，梁国的边境兵营和楚国的边境兵营都在自己的土地上种了瓜。可是他们各有各的种植方法：梁国戍守边疆的士兵非常的勤劳努力，经常不辞劳苦，坚持浇灌他们的瓜田，所以他们的瓜长得又大又甜。而楚国的士兵很懒惰，选择了顺其自然，不浇水不施肥，任由他们的瓜田自由生长，所以他们的瓜藤细瘦，瓜结得又瘦又小。

有一回，楚国的县令到楚国的边境地带视察士兵的防务时，看到了梁国的瓜长得又大又好，而自己这边的瓜却长得那么差，于是愤怒地谴责楚国士兵懒惰消极，没有把自家的瓜种好，并且重重地责罚了负责瓜田的士兵。被责罚的士兵没有认识到自己的瓜种不好是自身的原因，反而认为是梁国士兵把瓜种得太好了，所以相比之下，自己的县令才会大发雷霆。楚国的士兵满心嫉恨，心想："就算梁国士兵瓜种得比我们的好，只要我们夜晚偷偷潜进他们的瓜地，去祸害他们的好瓜，那梁国的好瓜总有一天会枯死的。"怀着这样的心态，楚国的士兵当天晚上就偷偷溜过国界线，把梁国的瓜藤全部给扭断了。没过几天，梁国士兵发现自己的瓜藤突然全部枯萎了，瓜也一个个地蔫了，赶紧展开了调查。一查，发现原来是楚国士兵干的，他们很气愤，决定当夜就去报复。

带头的士兵还算理智，带着梁国的士兵去请示县令宋就。士兵纷纷要求夜里前去报复，也去祸害楚营的瓜田，把他们的瓜田摧毁。宋就一听，当场很严肃地批评了这群想报复的士兵，他说："你们这样做是没有任何意义的，毁坏一块瓜田是小事，如果梁楚两国因为一块被毁坏的瓜田而至此结下了仇怨，这才是大事。所以我们戍守边疆的士兵做任何事，都要以我们两国人民的和平为重，人家使坏我

格言

胸中天地宽，常有渡人船。

——中国谚语

们也跟着使坏，怎么心胸狭小得这样厉害！你们冷静一下，我现在教给你们一个好办法：一定要在每天夜里都派人过去，偷偷地为楚国兵营好好地浇灌他们的瓜园，而且不要让他们知道。”听了这主意，梁国士兵很不解，问县令为什么要这样做，宋就哈哈一笑说：“按我的方法去做就好了。”

于是，梁国士兵就按宋就的指令，每天夜间都派人偷偷地溜进楚国的边境，去浇灌楚兵的瓜园。楚国士兵好几次去瓜园巡视，都发现瓜田被人浇过水了，瓜的长势也一天比一天好。楚国士兵感到很奇怪，通过放暗哨埋伏，注意查看，才发现是梁国士兵在暗中帮助他们。楚国士兵很难为情，以后再也不到梁国的瓜田里捣乱了。

事情不胫而走，很快传到楚王的耳朵里。楚王听了之后，又生气又惭愧：生气的是自己统领下的士兵竟然做出这样心胸狭隘的事情来，惭愧的是梁国面对这样的侵犯，竟然那么宽宏大量，以德报怨。楚王认真处理了这件事，命令手下的人告诉主管官吏说：“调查一下那些到人家瓜田里捣乱的人，他们莫非还有其他罪过？这是梁国人在暗中责备我们呀。”随后，他派使者带着丰厚的礼物去梁国，向宋就表示歉意，并请求与梁王结交。宋就把楚国请求交好的事禀告梁王，梁王也很高兴，派人送了很多礼物给楚国，表示愿意交好。而梁国的士兵至此也反应过来，并为自己的冲动而再次脸红，也都深深地被自己县令的宽容大度和深明大义所折服。

由此可见，忌妒和报复是两把魔剑，稍微不注意就会伤人害己。幸亏梁国县令宽容大度，审时度势，以德服人，以善感人，才没有引发两国之间的冲突纷争，乃至战争。而我们在日常生活中，也会经常遇上这样的事情，当别人对你产生忌妒时，不要一味寻求报复，而要用一颗宽容的心去原谅对方，鼓励对方与自己一起努力。这样，你的人格才会更有魅力，才会赢得更多人的尊敬与爱戴。

知识链接

挑选西瓜小窍门 瓜皮表面光滑、花纹清晰是好瓜，头尾两端匀称是好瓜，同一品种中，大的比小的好。表皮缺乏水分、干巴巴的瓜，或者表皮伤痕累累，色泽不一致的瓜，主要是体形较小的西瓜，都不能买，这一类瓜通常是所谓的败藤瓜。这类瓜个头儿通常不大，而且水分少，不甜也不脆。在西瓜未大规模上市前，要买中小个头儿的瓜，成熟的概率要大一些，而大个儿的西瓜成熟的概率低一些。同样的道理，到了西瓜大规模上市的时候，就不适宜买小瓜了，要买大瓜。

中兴之主刘秀

东汉的开国皇帝刘秀是一位治国平天下的高手。刘秀不单单是靠擅长打仗、擅长用人获得成功的，他还具有一种独特的个人魅力，这种魅力使得刘秀身边云集了当时最为出色的人才。这究竟是怎样的一种魅力呢？

刘秀最初跟随大哥刘縯起义的时候，他们的队伍装备相当差，战马少得可怜，常有一些军官为争夺军马而吵得面红耳赤。在那个特别看重等级尊卑的时代，拥有稀缺的坐骑，无疑就拥有了尊贵的身份和地位。有一次，刘秀指挥起义军打了一场胜仗，缴获了一批优良的战马。将士们高声欢呼，一拥而上去抢夺战马，甚至有人为了争到一匹马，打得头破血流。刘秀却静静地走开了，悠闲自在地坐在了一棵大树底下。刘秀手下的一位将领看到刘秀不去争战马，反而躲去乘凉，便走到他身边，疑惑地问："将军，能有这么多战马都是您的功劳。您要是去挑选战马，有什么人敢和您争？

您为什么不过去先为自己挑一匹好马呢？”刘秀笑了笑，说：“战马稀缺，先让其他将士挑吧，我可以以后再选。”非但不去争抢，更加难得的是，刘秀还主动让出了原本属于自己的一匹上好战马。让出马后，刘秀干脆把起兵前用谷子换来的一头黄牛当成了自己的坐骑。将士们看到刘秀这样做，都感到很惭愧。从此以后，为争夺战马产生的纠纷越来越少，战士们也对刘秀更加心悦诚服。

刘秀的气度，不仅体现在对待自己阵营中的将士身上，还体现在对待仇敌的态度上。朱鲔原是绿林军将领，曾经参与杀害了刘秀的大哥刘縯，与刘秀有杀兄之仇。刘秀称帝后，率大军攻打朱鲔镇守的洛阳。耗时三个月还没有打下洛阳，刘秀派出一位素来与朱鲔交好的使者前去劝降朱鲔。朱鲔有归降之意，但他知道自己曾经杀害了刘秀的哥哥，心想刘秀怎么可能轻易饶恕他呢？因此对使者顾左右而言他，就是不明确表示愿意归降刘秀。使者看出了朱鲔的心思，于是告辞返回刘秀的军营，并向刘秀说了朱鲔的担心。

格言

有忍，其乃有济；有容，德乃大。

——《尚书·周书·君陈》

刘秀听后淡然一笑，说："想要做大事的人，怎么能总记得过去的恩怨？你去告诉朱将军，若他肯献城归降，就是立下头等大功。岂有惩罚头等功臣的道理，归降后，他的官爵都可保留！"

使者再次到了洛阳城，把刘秀的话一字不差地转告给了朱鲔。经过几天的思想斗争，朱鲔终于决定归降。在正式归降之前，朱鲔命人绑住了自己的双手，在使者的带领下，来到刘秀的营帐。刘秀看见他们，急忙起身相迎，并亲手为朱鲔解开绳缚。朱鲔流着泪跪拜道："臣有罪，望陛下宽恕。"刘秀扶起朱鲔，平静地说："各为其主而已，将军何罪之有？"随后又设下酒宴，与朱鲔共饮，像对待老朋友一样自然、亲切地和朱鲔把酒言欢。朱鲔感动万分，第二天一早，就带着他的全部守城将士归降了刘秀。

对待普通将士如此，对待敌人如此，对待地位低微的小吏和平民百姓，刘秀仍然表现出始终如一的宽阔胸襟。一次，刘秀出城打猎，尽兴而归时已经到了深夜。他想从最近的城门入城，不料守城令郅恽以"夜不开城"的理由，将刘秀拒之门外。刘秀的手下在城墙下大喊："来的是刘将军！还不开门？"郅恽却说："夜不开城就是将军定下的规矩，我哪里知道来的是不是将军本人？"刘秀的部下只好举起火把，照在刘秀的脸上，又大声喊道："这下看清了吧？""我老眼昏花，实在看不清楚底下是谁。"郅恽坚持不开城门。

没有办法，刘秀只好绕到另外一个城门进城。第二天，刘秀就接到了郅恽的上书。这位地位卑微的守城令不仅不认罪，反而指责刘秀只图自己痛快，游猎山林，夜以继日，根本不考虑手下全体将士的感受。刘秀的部下得知此事后，纷纷斥责郅恽，说他以下犯上，要求刘秀严惩他。然而，刘秀什么也没说，只是下了一道命令，奖赏郅恽一百匹布。

这就是刘秀的人格魅力，这种魅力就是胸襟如海，海纳百川。依靠这样的人格魅力，刘秀从一介布衣最终成了中国历史上著名的“中兴之主”。

知识链接

光武中兴 刘秀，东汉的开国皇帝，谥号“光武”。他领导春陵（今湖北枣阳）子弟加入起义军，扫灭新莽政权，绍续汉业，成功地实现了“光武中兴”。执政之初，刘秀推行了种种措施，使社会安定，经济得到恢复，人口不断增长，逐渐呈现出一片繁荣景象。因此，刘秀统治时期被称为“光武中兴”。人们形容他当政的中、后期乃至汉明帝时期，出现了一个“马放牧，邑门不闭”“四夷宾服，家给人足，政教清明”的稳定和谐的社会局面。

梁上君子

东汉时期，在现在的河南颍川一带，有一位县令叫陈寔。陈寔为人忠厚善良，办起事来又很公正，既不会偏袒和他关系亲近的人，也从不巴结那些家财丰厚的人。当地的百姓无论遇到什么事情，都愿意到县衙门来，请陈寔替他们主持公道。而他也不辜负乡亲们的信任，把大家的每一件小事都放在心上，尽自己最大的力量帮助老百姓。在陈寔的治理下，颍川一带的民风淳朴，当地的老百姓都发自内心地尊重和爱戴县令陈寔。

有一天，陈寔在官府处理完公务，夜色已经很深了，他伸直腰打了个哈欠，这才感到自己累极了，便收拾好东西，踏着月色回家。家中静悄悄的，家里的人都睡下了，一躺在床上，陈寔便觉得浑身好像散了架一样，眼皮沉得抬都抬不起来。劳累了一天的他很快就睡着了，睡得香极了，一阵一阵地打着呼噜。

月亮升到了中天，夜半之时，陈寔忽然听到屋里有一点儿动静。在半睡半醒中，他翻了个身，动静又没有了，大概是老鼠吧？陈寔迷迷糊糊地想，离天亮还有一段时间，还可以做一个好梦。他正要继续入睡，一阵更清晰的响动声突然传到了他的耳朵里，陈寔猛地惊醒了。他睁大眼睛，朝传来响动的方向望去，月光明亮，房间里的一切都被照得清清楚楚。陈寔抬头看了看房顶，他大吃一惊：有一个人正伏在房梁上。

陈寔心里立刻明白了，家里有小偷。他想了想，慢吞吞地从床上爬起来，穿好衣服，装作什么也没有看到的样子，点燃一根蜡烛，高声叫醒他的两个儿子。陈寔的两个儿子，都是二十多岁，正在熟睡中，却被父亲一连声唤醒了。他们揉着蒙眬的双眼，不情不愿地走到父亲的房间里，大儿子问："爹，怎么这么晚叫我们啊？"

陈寔正襟危坐，严肃地望着兄弟俩，两个儿子不再歪七扭八地站着了。他们看着父亲，不由自主地挺直身板，努力从困倦中清醒过来。微弱的烛光闪闪烁烁，屋里安静极了，几乎可以清晰地听到人的呼吸声。陈寔说："爹之所以现在叫你们来，把你们从睡梦中叫醒，是要告诉你们一个道理。"

两个儿子奇怪极了，小儿子有点儿不满地说："爹，是什么道理？就不能明天再教我们吗？"

陈寔缓缓地摇了摇头："爹知道你们很困，但这个道理，一定要现在教了你们，你们才能牢牢记在心上。"

屋里更加安静了，两个儿子紧紧盯着父亲。陈寔一字

格言

爱人者，人恒爱之；敬人者，人恒敬之。

——《孟子·离娄章句下》

一句地说："你们现在年轻，一定要爱惜名声，努力向上，一点一滴严格要求自己，这样才能做一个堂堂正正的人。有些人，原来并不坏，只是因为对自己放松了要求，养成了坏习惯，渐渐地变坏的。如果他们能严格反省，也是可以做一名君子的。"

说到这里，陈寔一手举起蜡烛，一手指着房梁："你们看，梁上那位君子，之所以堕落到这种地步，就是一步一步慢慢变成的啊！"

两个儿子惊讶地抬头看去，只听见"咚"的一声，有个人从房梁上跳了下来。他跪在地上，连连向陈寔磕头，带着哭腔说："我知道您早就发现我了，求您放了我吧！"

陈寔的两个儿子一下子明白了，他们冲上去，要找绳子绑住小偷："你好大的胆子，竟敢偷到县令大人的家里！我们这就捉了你报官！"

小偷连连磕头，不断向陈寔求饶："大人，您放了我吧！我也是迫于生计，家中贫困至极，才有此下策。您若是捉了我去，我的全家老小就都没了指望啊！"

陈寔摆了摆手，制止住两个儿子。他们不解地看着父亲，大儿子满脸怒气："爹，让我们捉了他！您看他有多大的胆子，竟然偷到我们家里！"

陈寔板着脸说："我刚才告诉你们的，你们根本就没有记在心里，立刻放了他！"两个儿子惊呆了，他们互相看了一眼，只好极不情愿地放开了小偷。

小偷跪在地上向陈寔磕头，把头都磕出了血。陈寔拉起他，说："看你的样子，并不像坏人，你说你是因为家里贫困才会这样做，我姑且相信你，这次便放了你。我刚才对我儿子说的，相信你也听到了，只要今后你下定决心改正，我相信你仍然能做一个君子。"他又对大儿子说："去取两匹丝绸送给他。空手谋生，总要一点儿本钱。"小偷痛哭流涕，满脸羞愧，对陈寔说道："我是第一次见到大人您这样的人啊！从今往后，我一定改邪归正，好好做人，绝不辜负大人您的信任！"

月色下，小偷带着两匹丝绸，从陈家悄悄离开了。后来，这个小偷果然改邪归正，踏踏实实地经商过日子，成为一个受到大家称赞的人。他把当年与陈寔县令的这段故事，告诉了颍川的百姓。人们听到以后，对陈寔更加佩服和称赞，而整个颍川县内再也没有偷盗的人了。

知识链接

丝绸之路 简称丝路，是指西汉（公元前202年～公元8年）时，由张骞出使西域开辟的以长安（今西安）为起点，经甘肃、新疆，到中亚、西亚，并连结地中海各国的陆上交通要道（这条道路也被称为“西北丝绸之路”，以区别日后另外两条被冠以“丝绸之路”名称的交通路线）。在这条路运送的货物中，我国古代丝绸制品的影响最大，因此这条路线得名为“丝绸之路”。其基本走向定于两汉时期，包括南道、中道、北道三条路线。

蒋琬的气度

蒋琬是三国时代一位杰出的政治家和军事家。他担任蜀国丞相十二年，为蜀汉存兴做出了巨大贡献。蒋琬不仅满腹经纶、才华出众、政绩突出，而且品行高洁、谦恭和顺、心胸宽广，为人处世十分豁达大度，颇具领袖气质，为后人留下了许多佳话。

蒋琬的手下有一个官员叫杨戏。杨戏为人坦诚直爽，很有自己的主见，从不随声附和，更不肯信口对别人加以褒贬评论，对上也不愿意曲意逢迎。蒋琬与杨戏谈论国家大事的时候，杨戏对于不同的看法，经常默然不予应答。蒋琬的侍卫单镐向来不满杨戏对待自己的冷淡态度，屡次在蒋琬面前中伤杨戏。有一次，单镐向蒋琬进言说："您身为丞相，位崇言尊，连后主也要对您谦让几分。而杨戏官不大，架子却不小，竟然连您讲话也爱搭不理。对这种傲慢无礼之人，若不治罪，岂不过于宽容？"蒋琬闻听此言，耐心地解释说："人们的思想不同，正如每个人的面目长相不同一样。当面对你表示顺从、一味奉承的人，很有可能回过头来在背后说反对你的话。对于杨戏这个人，我还是很了解的，他从不违心恭维别人。我说的话，也不可能句句在理。他要赞许我吧，不是他的本心；要反对我吧，又宣扬了我的错误，驳了我的面子。所以，他就默默不语了，这也是他的耿直之处。而我正是通过他的态度，觉察到自己的不足，所以他的做法有什么不好呢？为什么要治他的罪呢？"单镐听后感动地说："丞相真是虚怀若谷，雅量过人！"无疑，看人只有看优点看主流，才能容忍对方的缺点和不足。然而，并不是人人都能像蒋琬这样容人之短、宽宏大量。后来，杨戏在蜀国大将军姜维手下任职后，就没有那么幸运了。因为杨戏多次对姜维耿直进言，姜维很是生气，于是就找个借口把他贬为平民，直到老死都没让他重回官场。两个相比较，更可见蒋琬的气度和胸襟。

还有一次，蒋琬府中一个叫杨敏的督农官员曾私下说

格言

能容小人，方成君子。

——冯梦龙

蒋琬"做事愦愦，诚非及前人"。意思是说，蒋琬处理事情糊里糊涂，根本比不上从前的丞相诸葛亮。有人将这话汇报给蒋琬，主管法纪的官员请求对杨敏追究治罪。蒋琬却十分平静地说："我实在不如前人，杨敏没有什么罪可以追究的。"并感叹道，"普天之下，都知道之前的丞相诸葛亮神武赫然、威震八方、功盖宏宇，我怎么能和他相提并论呢？我本无丞相之能，却任丞相之职，身居如此高位，怎么会没有处事不当的时候呢？ 而处事不当，那自然就是我自己糊涂了。"后来，杨敏又因对别的大臣出言不逊被抓进了大牢。当众人都以为他必受重责时，蒋琬心无亲疏厚薄，亲自依法秉公审理了案子，使杨敏免除了牢狱之灾。杨敏从牢里被放出来后，蒋琬重用了他，并且对大臣们说："杨敏是敢于直言参政的人，这正是我求之不得的人才啊！"

蜀国还有一个名叫杨仪的官员，虽然很有才干，但却是个自私狭隘的小人。诸葛亮死后，他自认为才能超群、功高盖世，理应继任当蜀国的丞相。没想到诸葛亮选定的接班人并非自己，而是蒋琬。因此，杨仪一直就从心底深深嫉恨蒋琬，还屡次向蜀国后主说蒋琬的坏话。不料，杨仪因为搬弄是非，惹得后主大怒，把他抓进了大牢，还准备处死他，以儆效尤。但宽厚大度的蒋琬不但没有乘机落井下石，反过来还替杨仪说情，这才免除了他的死罪。

蒋琬以非凡的气度和雅量，能够容物容人，善于化解矛盾。再加上他具有卓越的治国理政才能，所以在他担任丞相期间，蜀国上下官员同心、社会安定、政通人和，呈现出一派“邦家和一”的大好气象。领导者要想成就一番事业，应该具有容人、容言、容事的雅量。在这方面，蒋琬堪称楷模。他能够做到不泄私愤、不计私仇、不排异己、宽以待人，充分展现了高尚的人格魅力和领导风范，至今仍值得我们学习和借鉴。

知识链接

《三国演义》 作者罗贯中。这是中国第一部长篇章回体历史演义小说，以描写战争为主，反映了魏、蜀、吴三个政治集团之间的政治和军事斗争。在广阔的背景上，上演了一幕幕波澜起伏、气势磅礴的战争场面，成功刻画了近四百个人物形象，曹操、刘备、孙权、诸葛亮、周瑜、关羽、张飞等人物形象脍炙人口。其中有三个人物被称为“三绝”：“奸绝”曹操、“智绝”诸葛亮、“义绝”关羽。《三国演义》与《水浒传》《西游记》《红楼梦》并称为中国古典四大名著。

明君与诤臣

魏徵是唐太宗时期的一代诤臣。然而，魏徵在辅佐唐太宗之前，却一直为太子李建成做事。在统一全国的过程中，由于李世民功勋卓著，引起了太子李建成的猜忌，双方明争暗斗，日趋激烈。魏徵见李世民和太子李建成暗中倾轧夺权，常常劝太子李建成防范李世民先发制人，早做打算。626年7月2日，李世民发动“玄武门之变”，杀了太子李建成和齐王李元吉。唐高祖李渊立李世民为太子，不久李渊正式传位李世民，自己则退位为太上皇。

一日，众大臣上朝议事，当了皇帝的李世民（唐太宗）突然龙颜大怒，指责魏徵说：“你离间我们兄弟，为什么？”旁人一听脸色大变，都为魏徵担心。魏徵却从容回答说：“当时皇太子如果听从我的话，必定没有现在的灾祸。”唐太宗听了很受震动，不计前嫌，以诚相待，对他厚加礼遇，并且多次让他入宫请教为政之道。唐太宗每次与他谈论，都很高兴。魏徵性格刚直，也很高兴遇到知己之主，用尽全力为太宗谋划。特别是他提出的“兼听则明，偏听则暗”“水能载舟，亦能覆舟”的进言，令唐太宗龙颜大悦。唐太宗欣慰地对魏徵说：“你为我提出的建议有两百多条，每一条我都十分满意。如果你不是忠心为国，又怎么会提出这样中肯的意见呢！”很快，唐太宗又提拔魏徵做了秘书监，让他参与朝政。

唐太宗曾经对魏徵说过：“你的罪过比管仲射中齐桓公的衣带钩更重，我任用你却超过齐桓公任用管仲。近世君臣相互信任，哪里有像你我这样的？”有一年庆典，唐太宗宴请近臣。席间长孙无忌感慨：“王珪、魏徵，从前侍奉太子，我见了他们就好像见了仇人，没想到现在却同在宴会上。”唐太宗说：“魏徵从前确实是我的仇人，但他尽心为国，应当嘉奖。魏徵常常犯颜直谏，不容许我做错事，这就是我敬重他的原因。”魏徵忙起身拜了两拜，说：“是陛下引导

格言

泰山不让土壤，故能成其大；河海不择细流，故能就其深；王者不却众庶，故能明其德。

——李　斯

我让我说话，我才敢直谏。如果陛下不采纳我的直言，我又怎么敢冒犯龙颜、触犯忌讳呢？”

有一次，唐太宗从长安出发去洛阳，中途在昭仁宫稍作休息，因为膳食安排得不周而龙颜大怒。魏徵当面批评道：“隋炀帝就是因为常常责怪各地进献的物资不丰富不精美，引发百姓反对，最后导致隋朝灭亡了。陛下应该从中吸取教训，兢兢业业，小心谨慎。如能知足，今天这样的食物陛下就应该满足了，如果贪得无厌，即使食物好一万倍，也不会满足。”唐太宗听后，立刻认识到自己的错误：“若不是你，我就听不到这样中肯的话了。”

由于魏徵直言敢谏，即使面对正在气头上的唐太宗，他也敢据理力争，决不退让，因而唐太宗有时也会对他产生敬畏之心。有一天，唐太宗想要到长安附近的山中打猎，侍从们都已经将行装准备好，但却一直未能成行。过了一段时间，魏徵向唐太宗问起此事，唐太宗笑着说：“我当初确有这个想法，但害怕你又要直言进谏，所以很快打消了这个念头。”唐太宗曾说：“我好比山中的一块矿石，矿石在深山是一块废物，但经过匠人的锻炼，就成了宝贝。魏徵就是我的匠人！”唐太宗虚怀若谷的胸襟，可见一斑。

几年后的一个冬天，天气异常寒冷。年迈的魏徵重病在床，咳喘不止。魏徵担心生病耽误国事想要辞官。太宗听说后，非常着急，连忙从宫廷里抽调最好的御医给魏徵调治，并亲自看望他。对他说："我把你从囚犯中选拔出来，给你安排重要的职位，是因为你能看见我的过错后，给我提出很有价值的建议。金子是需要匠人反复的锤炼才得以成金的。如果我是金子，那么你对我而言就是一个非常好的工匠。你虽然生病了，但我还是希望你不要辞官。"魏徵听了很受触动，于是决定不辞官了。

正是由于唐太宗的宽容大度、虚怀若谷，使得周围聚集了魏徵、杜如晦、房玄龄等一大批有识之士。他们或正直或忠勇或多谋，使得唐代政治、经济、军事快速发展，一度凋敝的社会生产出现生机。一时间，国富民殷，盛世升平，百姓安居乐业，史称"贞观之治"。

643 年，一代名相魏徵病逝，时年六十四岁。唐太宗闻讯后悲痛万分，下旨厚葬。对于一个曾经冒犯自己的人可以不计前嫌，从善如流，真诚相待，这是唐太宗的大智慧。不去计较过去的恩怨得失，只专注于礼遇贤才，共图大业。这种宽宏的度量，是唐太宗能够安邦治国的性格特质。

知识链接

贞观之治 唐太宗李世民是中国历史上的一代英主，其治绩一直为后世所传颂。唐太宗即位后，因亲眼看见大隋的兴亡，所以常用隋炀帝作为反面教材，来警诫自己及下属。他像孟子一样，把人民和君主的关系比作水与舟，认识到“水能载舟，亦能覆舟”，因此选贤任能。他唯才是举，不计出身，不问恩怨。在经济方面，特别关注农业生产，使人民衣食有余，安居乐业。在文化方面，则大力奖励学术，组织文士大修诸经正义和史籍。此外，太宗又屡次用兵，平定东突厥、征战高句丽等，使唐朝国威远播四方。在唐太宗执政的贞观年间（627 年～ 649 年），在君臣的共同努力之下，出现了一个政治清明、经济发展、社会安定、文化繁荣的太平盛世，史称“贞观之治”。

宰相肚里能撑船

吕端是宋太宗、宋真宗两朝的宰相，毛泽东曾称赞“吕端大事不糊涂”。其实，除了“不糊涂”以外，吕端还是一个宽宏大量的人。

宦海风波恶，人间行路难。吕端在朝中担任宰相的时候，正直敢言、坚持原则，屡次遭到奸臣陷害。终于，皇帝在奸臣的一再蛊惑下将吕端罢官，开回原籍。吕端的亲朋好友深知吕端的为人，纷纷为他惋惜。但是，吕端并没有抱怨，他坚信日久见人心，皇帝总有一天会意识到自己的忠心。他嘱咐家人马上收拾好行李，向自己的家乡幽州安次赶去。

吕端一家人在路上走了十多天，期间，他们并没有事先通知老家的人。当时交通不便，老家的人也并不知道吕端已经被罢官。正当这一行人风尘仆仆赶到老家门口时，发现家中吹吹打打、十分热闹。原来是吕端的一个亲戚家正在举办婚礼，当地有不少官绅富户冲着吕端的名头而来。这时，正赶上吕端回家，这些人更是惊喜不已，纷纷巴结、吹捧吕端，有些人更是吩咐仆人回家再多拿些贺礼过来。吕端见此情景，哭笑不得，只好向参加婚宴的众人说明了实情。

这些人一听说吕端已经被皇帝罢官，或惊讶、或懊悔、或为吕端可惜。但是，他们都深知此时必须与吕端划清界限，于是纷纷换了另一副面孔，对吕端斜眼而视，十分不尊敬。他们不约而同地迅速离开了吕家，当地的一个七品县令甚至拿回了自己的贺礼，吕端亲戚家的婚礼也不欢而散。

吕端的家人们对这些势利小人的行为十分愤慨，但吕端却对此表现得十分大度。他说："这些人不想因为我而受到牵连，也是人之常情，你们就不要责备了。"就这样，吕家在当地官绅的刻意回避和歧视冷淡中，默默地生活着。

但是，这种生活并没有持续太久。一天早上，吕家门外传来了清脆的马蹄声，皇帝的传令官到了。原来吕端在京

格言

能忍能让真君子，能屈能伸大丈夫。

——中国谚语

中的朋友不断上书皇帝为吕端辩解，皇帝也终于认识到吕端的主张是正确的，于是他下了一道让吕端官复原职的圣旨。传令官骑马来到吕端家门口，大声喊道："吕端接旨！"吕端听说圣旨到了，匆忙换好衣服，摆上香炉，率领全家老小跪在地上等待自己的命运。大家的心中十分焦急，毕竟

圣意难测，只有吕端十分镇静，只听那传令官宣旨道："吕端回朝复任宰相，钦此！"全家人听后都兴奋不已。

这段日子以来一直刻意冷淡吕端的地方官绅，听说吕端又官复原职了，想起那天婚宴上的情景和随后的所作所为，不禁十分懊悔，个个急得面红耳赤，害怕吕端会报复他们。他们商量后，决定一起到吕端府上去赔罪。

在那些官绅当中，当然少不了那位在婚宴上拿回贺礼的七品知县。他想起当时的情景觉得十分难堪，因此走在这些人的最后面。他见到吕端后，忙跪在吕端的面前，一面鸡啄米似的给吕端叩头，一面打自己的嘴巴："相爷，我不是人，大人不记小人过。"吕端的书童对知县在婚宴上的丑陋嘴脸十分不满，于是上前一把抓住知县，怒斥道："大胆狗官，竟敢戏弄我家相爷，摘去你的乌纱帽！"

书童的这一举动，吓坏了那个知县。他用双手紧紧捂住自己头上的乌纱帽，声音颤抖着连连央求。吕端这时上前制止住书童，对他说道："不要这样！"书童很生气地说："相爷，像他这样的势利眼，不能饶恕！"

"此言差矣！他既然知道自己做错了事，我们就应该高兴，不必惩罚他了。我们何必因为一点儿小事而大动干戈、伤害别人呢？"听到吕端说的这些话，那个知县感到无地自容，羞愧难当。他跪在地上感激地说道："相爷呀！相爷，您可真是宰相肚里能撑船呀！"

于是，“宰相肚里能撑船”的典故就这样逐渐流传开来，与此相似的典故还有“将军额上能骑马”等，它们多用来指代官员豁达仁慈、宽厚大度，不在小问题上斤斤计较。其实，不只是像吕端这样的宰相，任何一个人，只有做到宠辱不惊、能屈能伸、宽宏大量，才能赢得他人的尊重，才能获得内心的平和，才能进一步有所作为。

知识链接

宰相 是中国古代最高行政官员的统称。“宰”是控制、管理的意思；“相”有帮助、辅佐之意，因而宰相的主要职责是辅佐皇帝管理国家。《韩非子》一书中最早出现了“宰相”这一称呼，但正式使用宰相这一名词指代最高官员的只有辽代。在不同的国家和时期，宰相还有其他的称呼，如“太宰”“太师”“大司徒”“丞相”“相国”“中书令”“尚书令”“同平章事”“内阁大学士”“军机大臣”等。皇权与相权的矛盾是中国古代政治体制中的一对重要矛盾，各个朝代的皇帝也努力分散和削弱宰相的权力。中国历史上著名的宰相有管仲、苏秦、李斯、萧何、诸葛亮、房玄龄、杜如晦、张柬之、范仲淹、王安石、张居正、张廷玉等。

雅量纳沧海

夏原吉是明朝重臣，湖南湘阴人，曾在明成祖永乐年间担任户部尚书，掌管国家的财政、赋税。我们都知道郑和下西洋的故事，可是很少有人知道郑和下西洋的大部分经费就是由他经办的。除了杰出的经济才能，他的宽厚胸襟也名垂青史。史载夏原吉“有雅量，人莫能测其际”。意思就是说，他宽宏大量，人们都不能测量出他心胸的边际。

有一次，夏原吉离开京城，到苏州巡视当地的财政赋税情况。由于长期管理国库，深知国家的钱粮来之不易，因而他对奢侈浪费的行为十分反感。他一路上微服出行，从不惊扰当地官员，抵达苏州后，他切实考察当地的民生状况。苏州地处江南，繁华富庶，当地有很多豪华的旅店，有很多名厨名菜。苏州的地方官本计划请夏原吉好好享受苏州的繁华，而夏原吉却婉谢了这些官员的盛情邀请，而是选择在当地一家普通的旅店住下。然而出乎他意料的是，这家旅店的厨师做菜太咸，使他无法入口，他每天仅能吃一些白米饭充饥。苏州的地方官知道了这件事，就向夏原吉询问原因，他们唯恐对夏原吉招待不周，影响了自己的前程。夏原吉心想，如果说出实情，这些地方官必会重罚这家旅店和厨师，为了让他们免受责罚，夏原吉并没有向地方官说明真相。后来，这家旅店的老板和厨师知道了真相，都为自己的疏忽后悔不已，更为夏原吉的宽容感激万分。

永乐十八年，即1420年，唐赛儿在山东领导了一场规模宏大的农民起义，取得了两次大捷，给明王朝以沉重的打击。然而，由于双方力量对比悬殊，起义最终以失败告终。并且，起义军中有三千多人被官军俘虏，皇帝拟将他们全部处死，朝廷上下一致赞同。夏原吉得知这个消息后，不同于其他朝廷命官，他十分同情这些反抗者的遭遇，十分理解他们走上造反道路是不得已而为之。他深知这些人都是穷苦百姓，饱受贪官污吏的欺压，在走投无路后才铤而走险，因而夏原吉请求皇上宽恕他们，向世人展示皇帝的宽厚和朝

格言

海纳百川，有容乃大；壁立千仞，无欲则刚。

——林则徐

廷的仁德，安抚天下穷苦百姓的心。在夏原吉的劝谏下，这些人幸免被杀。夏原吉的宽厚胸襟，一时间被天下人传颂。

夏原吉有一个心爱的砚台，是他刚上私塾时他的先生送给他的，勉励他进学修德。他将这个砚台一直带在身边，担任户部尚书后，就把砚台放在自己的书案上。一天，有个下级官吏在整理书案时不小心把砚台摔到了地上，破损了一个角。他十分惶恐，心想，尚书大人肯定不会轻饶自己。他不知所措，更不敢去见夏原吉，向他当面道歉。夏原吉得知后，把那个官吏叫来，主动安慰他说："不管什么东西，到时候都是会损坏的。我未尝格外珍惜它，你不必太自责。"说罢，夏原吉扶起了跪在地上、颤抖着的那个下级官吏。夏原吉的宽容让下级官吏感动不已，消除了他的恐惧和担忧，也让他对夏原吉更加敬重了。

夏原吉的雅量被当时人传为美谈，奉为楷模。曾有人问夏原吉："量可学乎？"他说："吾幼时，有犯未尝不怒，始忍于色，中忍于心，久则可忍矣。"是的，一个人的宽容和雅量并不是天生的，而是要依靠后天的自觉和培养。古人曾说，"雅量涵高远"。在这里，雅量是一个人良好修为的体现。古人又云，"凡事留余地，雅量能容人"。因而，当他人犯错的时候，当他们冒犯了自己的时候，在心中留下一块余地，宽容他们的过失，真正做到"雅量纳沧海"。

知识链接

永乐 是明成祖朱棣的年号，于1403年～1424年间使用，共使用了二十二年。朱棣于1399年在北平发动“靖难之役”，历经四年，终于率军攻克南京，推翻了侄子建文帝的统治，夺取了皇位，改年号为“永乐”。朱棣是一位拥有雄才大略的皇帝。在永乐朝期间，发生了很多影响深远的大事，如明朝首都从南京迁往北京，郑和率领庞大的舰队出使西洋，组织巨大人力编纂了中国古代最大的类书《永乐大典》，明成祖亲自率军五征漠北，继续实行削藩政策，加强中央集权等。永乐朝的文治繁盛、武功赫赫，成就震烁寰宇，是明朝历史乃至中国历史上较为辉煌的一页。但这些工程和战事耗资巨大，致使国家财政亏空，朝廷的加税、征徭役等行为更进一步加深了人民的负担，导致了一些农民起义的发生，如唐赛儿起义等。

逐鹿天下　有容乃大

努尔哈赤十九岁离家自立，二十五岁时统一了女真各部，逐渐平定中国东北部，结束了自元明以来女真内部动乱纷争的局面。1616 年，努尔哈赤建立后金。1636 年，他的儿子皇太极改国号为清，尊努尔哈赤为清太祖。努尔哈赤驰骋沙场、开拓疆土的传奇一生留下了许多脍炙人口的故事，特别是他的宽容气量，更成为后世传颂的佳话。

1584 年的一个夜晚，一名蒙面黑衣刺客潜入努尔哈赤的行宫。在他企图行刺努尔哈赤的时候，被高度警觉、武艺超群的努尔哈赤击倒在地。大内侍卫洛汉闻声赶到时，立即拔剑，准备杀了刺客，却被努尔哈赤给拦下了。努尔哈赤大声地问刺客："你是到我的行宫来偷牛的吧？"刺客连忙顺着努尔哈赤的话，点点头，回答说自己就是来偷牛的。洛汉在一旁急忙说："他这明显是在说谎话啊！他的真正用意是想要谋害您啊，我们应该杀了他，以绝后患。"谁知努尔哈赤平静地说：“你多虑了，他真的只是来偷牛的。”然后就让侍卫们给刺客松绑，放走了他。谁知道，到了第二年春天的一个深夜，又有一名刺客潜入努尔哈赤的住所企图行刺。努尔哈赤依然在把刺客捉拿了以后，随便找了一个借口把他给放走了。两件放走刺客的事情很快在北方各地传开了，各部女真族人得知努尔哈赤的宽容大度后，纷纷离乡背井前去投靠他。就这样，努尔哈赤的实力一天天地壮大起来。

1585年的秋天，努尔哈赤率领大军攻打一座名叫翁科洛的城池。他身先士卒，亲自登高射箭。当战斗正在激烈进行的时候，敌方的一个守城战士躲在暗处突然向努尔哈赤背后放了一记冷箭。努尔哈赤躲闪不及，被射伤了。他毅然拔出箭头，不顾血流不止的伤口，继续指挥大军进攻。不一会儿，又有一个守城战士在硝烟的掩护下，悄悄接近努尔哈赤，又一记冷箭，射中了努尔哈赤的脖子。幸运的是，由于距离较远，这一箭并没有射中要害。但是箭头弯

格言

人心不是靠武力征服，而是靠爱和宽容大度征服。

——斯宾诺莎

曲如钩，深入皮肉。当侍卫们把箭拔出之后，血水喷涌而出，努尔哈赤“哎呀”一声惨叫，疼得昏了过去。主帅重伤，努尔哈赤的军队不得不撤退，这场攻城之战无果而终。休养了一段时间后，努尔哈赤的箭伤刚刚有所好转，他就迫不及待地计划再次攻打翁科洛城。当时，已经临近年关，北风呼啸，山高雪厚，大部分女真人都待在家里，准备着迎接新年，翁科洛城同样也沉浸在准备过年的气氛中。城中军民认为没有谁会在这样恶劣的天气出兵征战，何况，还要过年了。因此，他们根本没有任何防备。努尔哈赤就是在这种情况下，领兵突袭了翁科洛城。城中军民一片混乱，努尔哈赤没费吹灰之力就攻陷了翁科洛城。那两个在第一次攻城战中险些要了努尔哈赤命的守城战士也双双被俘。

当他们两人被五花大绑地带到努尔哈赤面前的时候，努尔哈赤的将领们一致要求立刻将二人处决，以振军心。两个被俘的战士垂头丧气，以为必死无疑。谁知努尔哈赤竟哈哈大笑，对大家说:“两军交锋，都以取得最后的胜利为目标。当时，他们二人为其主守城，所以发箭射我，也在情理之中。像他们这样勇敢威猛之人，即使牺牲在两军交锋的阵前，我都觉得惋惜。现在又怎么能够因为他们用箭射过我，就处决了他们呢？”被俘的二人听完此话，目瞪口呆，愣愣地看着努尔哈赤，直到努尔哈赤吩咐手下为他们松绑，他们这才相信努尔哈赤说的是真的。二人被努尔哈赤的宽宏大量深深感动了，立刻表示愿意降服于他。努尔哈赤听罢，哈哈大笑，说：“我从躺着养伤的时候开始，就盼着能早日听到你们说这番话呀！”部下们都很敬佩努尔哈赤的所作所为，立志誓死跟随他。翁科洛的军民也被努尔哈赤的宽容和大度所折服，纷纷表示愿意归降于他。

古往今来的许多先贤都有着宽广的胸怀。他们从不计较个人的恩怨得失，总是站在全局的高度处理问题。只有如此，才能凝聚力量，才能将事业做大做强。努尔哈赤正是这样一位胸怀宽广的大英雄。他释放了伤害过自己的人，这一义举所产生的影响远比攻得一城一地要深远得多。翁科洛之战，不仅仅是攻占了城池，更攻占了人心，可以说是一场完美的胜利。

知识链接

清朝 是由女真族建立起来的封建王朝。它是我国历史上继元朝之后的第二个由少数民族统治中国的时期，也是我国最后一个封建帝制国家。清代自努尔哈赤称帝至末代皇帝溥仪，共经历十二个皇帝。1616年，努尔哈赤建立后金。1636年，皇太极改国号为清。1644年，清朝定都北京。1911年，辛亥革命爆发，清朝被推翻，从此结束了中国两千多年来的封建帝制。

桐城名巷——六尺巷

清朝康熙年间，在安徽省桐城县（今安徽省桐城市）内的一条小巷的两边，坐落着文华殿大学士张英的府邸和桐城富户吴乡绅的豪宅。两家一直以小巷为界，和睦相处。

吴家相公一直苦心攻读，却屡试不第，他的妻子胡月娥伤心不已。而对门的相府，却文脉兴旺，几个公子都连登金榜。胡月娥因为爱夫心切，听信风水先生的计谋，以为是自家风水有问题，于是偷移了界碑，圈路砌墙，想借此改变吴家的命运。吴家的突然砌墙，给街坊邻居穿巷带来了很大的不便，一时间百姓也因此怨声载道。

面对民怨，相府的少夫人姚香兰主动出面理论拦阻，胡月娥却拒绝让步，两家吵得不可开交，事情越闹越大。桐城知县出面调停，建议两家挖界碑、明地界。香兰与月娥一个因为知道吴家的墙建的不合法，一个已经偷移了界碑，所以都表现得胸有成竹，一致同意县令的建议。但是让香兰没有想到的是，吴家的墙在界碑标出的界限以内。面对眼前的事实，香兰也有口难辩，月娥则得意扬扬。本来知县很了解相府严正的家规，而且他认为姚香兰也是知书识礼的人，绝对不会说无根据的话，做无理的事。可是，既然吴家挖出了界碑，张家如果不能证明界碑的不合理性，那么吴家在自家宅地上砌墙，就谁也没有理由阻拦。知县也只好让吴家暂时保留新墙。

姚香兰不服，要求依据地契重新判决，县令也同意她的上诉。但胡月娥却强词夺理，巧言狡辩，并指责县令巴结讨好相府，是官官相护，欺压百姓，这正中县令的要害。县令进退两难，明知吴家不对，也不敢明确支持相府，只好折中调和，判令张吴两家都在各家地基上砌墙这个含糊不清的判决。

有了这个判决以后，月娥更加有恃无恐，拦路砌墙。香兰也坚决不服，护路拆墙。在双方的争执中，相府的人误伤胡月娥，月娥因此大闹相府。张夫人训导儿媳，并且命

格言

量大好做事，树大好遮阴。

——中国谚语

令香兰上门赔礼。香兰委屈争辩，述说自己不让吴家圈路砌墙，为的是乡邻的利益。众家人和丫鬟也帮少夫人争辩，认为相府不该委曲求全。张夫人恪守相府家训，严厉斥责香兰，并且指出，相爷一生主张“谦和礼让”，香兰身为相府当家人，带领家人与乡邻恃强争斗，坏的是公公名声，败的是张氏家风。这样下去，势必会助长家人子弟恃强凌弱之风，对张家将来有害无益。香兰幡然醒悟，痛悔自己处事鲁莽，真诚认错，愿意忍受委屈，前去赔礼。同时，婆媳俩也达成共识，礼要赔，路不让，百姓利益必须维护。香兰来赔礼，胡月娥又惊又喜又矛盾：如果再占基砌墙，她的良心不安；如果不扭转风水，又担心丈夫的命运前途。再加上圈路砌墙挖界碑的事，已经在桐城闹得沸沸扬扬，没法儿停止，所以她决定继续圈路砌墙。

县令听说张家赔礼求和后，吴家仍然我行我素，十分气愤，上门与胡月娥理论。胡月娥不买他的账，反而劝县令不要再巴结张家，因为她已得知张英被罢相了。县令也很坦然地告诉胡月娥，他从前不敢支持张家，就是因为怕人说他官官相护。现在相爷既然罢了相，他也就没有顾虑，可以为张家伸张正义了。但是，胡月娥坚决不拿地契对证，而且这两家争吵，无伤无害没有触犯法律，县令也没有办法治吴家的罪，只好命令衙役帮助张家拆除吴家的院墙。胡月娥软硬不吃，坚持砌墙。小路上，墙砌了拆，拆了砌，两家矛盾不断升级，成了冤家死对头。

在谣言非议四起、闹得满城风雨的情况下，张夫人也因此焦虑患病，香兰修书一封飞报京城。张英回信并且赋诗一首，香兰领悟诗意，退让三尺，命家人砍树移墙。胡月娥让他的兄长打探张英回信，他的兄长没有听清，断章取义，按自己猜测的内容，告之胡月娥。胡月娥信以为真，抓住这封信大做文章，状告张英，在当年建房时明目张胆指示家人在界碑外砌墙，多占用了三尺地基。

最后，县令请香兰取出家书，当众宣读张英原诗："千里家书只为墙，让他三尺又何妨？万里长城今犹在，不见当年秦始皇。" 胡月娥一时间呆若木鸡，又羞又愧，无地自容…… 县令斥责胡月娥自私自利，诬告相爷，要按律治罪。姚香兰却为她求情，并坦诚地表示，自己也心胸狭隘，才导致如此局面的出现，不能全怪吴家。胡月娥感动悔悟，忏悔自己不该偷移界碑，一错再错，并决定也退让三尺，使小巷变得更宽更好走。两家握手言欢，重归于好。他们用宽容建成了一条祥和的"六尺巷"，并且通向久远，直至今日。一段宽容礼让的佳话，也四海传扬。

知识链接

六尺巷 位于安徽桐城。在“桐城派”的故乡——今安徽省桐城市的西南一隅，在市区西环城路的宰相府内（省康复医院内）。六尺巷，东起西后街巷，西抵百子堂。巷南为宰相府，巷北为吴氏宅，全长一百米、宽两米，均由鹅卵石铺就。这条巷子作为中国文化的遗产，是重点文物保护单位，是中华民族和睦谦让美德的见证。六尺巷已经是桐城古城的旅游景点，2007年4月，“桐城文庙——六尺巷”成为国家AAA级旅游景区。

被中断的上诉

1926年2月，一代大师梁启超因突发尿血症，被送进北京协和医院接受治疗。协和医院创办于1906年，是一所由英美两国教会合办的著名医院，它代表了当时中国最高的医学水平。

因为梁启超重要的社会影响力和知名度，协和医院对他的病情给予了高度重视。众多顶尖专家在对梁启超进行会诊后，一致认为，切除病情较严重的那只肾脏，才是最好的治疗办法。

为了最大程度地保证手术成功，协和医院安排了全院最强大的阵容：曾留学哈佛的医学博士、协和医院院长刘瑞恒亲自主刀，他的助手是几位美国医生，参与手术的其他人员都经过精心挑选。所有的人都对这次手术信心十足，手术紧张而有序地进行着。即将切除肾脏时，刘瑞恒瞥了一眼由值班护士在梁启超皮肤上标示的位置，他没有再次核对X光照片，就自信地开始切除。谁能想到，因为疏忽大意，值班护士标示的肾脏位置竟然是错误的，刘瑞恒将梁启超较好的一只肾切除了。

手术即将结束时，在场的所有医生都发现了这一重大失误。刘瑞恒汗如雨下，由于这关系到协和医院的声誉，全体在场人员决定保密，将这一事件当作“最高机密”压下封存。

手术进行完了，刘瑞恒走出手术室，对着神色焦虑的梁启超的亲友们，支支吾吾地说了一句“一切都很顺利”，就匆匆离开了。梁启超被送入特别护理室，以进行下一步的术后恢复。然而过了一段时间，他的身体状况并没有好转，人们有些奇怪，梁启超反过来安慰他们：“我老了，恢复得慢也是自然，我们要相信‘协和’的水平。”

又过去了一段时间，梁启超的身体状况仍然没有明显好转。梁启超的子女和学生感到十分焦虑，向协和医院询问：“这到底是怎么回事？”协和医院看到无法再隐瞒下去，

格言

唯宽可以容人，唯厚可以载物。

——薛　瑄

迫不得已，只好公布了此前手术中的失误。

消息一经公布，人们都惊呆了。梁启超的学生陈源、徐志摩等人更是义愤填膺，他们写下大量的文章，发表在北京最著名的几家报纸如《现代评论》《社会日报》上，揭露事实真相，怒斥协和医院的不负责任和对梁启超的伤害，很快此事被炒得沸沸扬扬。梁启超名声显赫，社会各界看到这个消息，纷纷攻击协和医院，甚至公开质疑协和医院所代表的西医治疗水平。陈源和徐志摩决定，要将协和医院告上法庭，一定要让协和医院付出应有的代价。

病榻上的梁启超在精神较好的时候，会请医院的护工为他念几段新闻。这一天，《现代评论》上刊登了陈源、徐志摩准备上诉法庭，状告协和医院的消息。梁启超一听到这个消息，猛地睁大眼睛，呼吸都变得急促起来，他勉强打起精神，对护工说："劳驾您通知一下我的这两个学生，我想尽快见他们一面。"

陈源和徐志摩很快来到了老师身边。梁启超用很低的声音问："听说你们想告'协和'？"两人看着病床上憔悴的老师，心疼极了。徐志摩愤怒地说："老师，'协和'这一次简直是以人命为儿戏，我们绝饶不了他们。我们已经商量好上诉的事，您放心，这一次我们是必赢的。"

梁启超听完学生的一席话，久久没有说话。过了很长时间，他才慢慢说道："你们的心意老师明白。'协和'这一次确实有错在先，他们做手术如此粗疏大意，事后又刻意隐瞒，才造成这一次医疗事故。但事情已然如此，再去责怪'协和'，把医院告上法庭，又有什么用呢？今天我叫你们来，就是想说我不许你们状告'协和'、要求赔偿，更不许你们要'协和'公开道歉。"

陈源和徐志摩惊讶地看着老师。徐志摩首先忍不住了，他的面孔涨得通红："老师，您为什么要这么做？"

梁启超说："'协和'这一次，也是有些冤枉的。我病情已深，两只肾脏都有不小的毛病，医生也是万般权衡，才决定切除功能相对较差的那只，但另外一只并不是没有问题，这些情况我是知道的。再说，最近我吃'协和'的特效药，病虽然没有完全清除，但自觉身体已比从前好了许多。最重要的是，我看最近的新闻，真担心因为我的事，社会上又产生一种怪论，说西医已然无用，因此阻碍中国医学的发展。真要如此，我梁启超不是成了千古罪人？"

原来，在那时的中国，西医刚传入不久，很多人对西医抱有怀疑态度。梁启超从一开始就认为，西医是科学的代表，必须要全力支持西医在中国的健康发展。在他看来，医疗事故无法绝对避免，如果因为自己手术失误，使国人因此更加怀疑西医，怀疑科学，那么纵然告倒协和医院，又有什么意义？让协和医院名誉受损，无疑会大大影响科学在中国的传播。

陈源和徐志摩沉默了，他们被老师的情怀和心灵深深地感动了，他们向老师保证，撤销上诉，按照老师的嘱咐去做。后来，梁启超又在《晨报副刊》上发表了《我的病与协和医院》一文，公开向全社会诚恳地说明了曾对学生谈过的意见。人们无不被这位伟大的思想家感动，他所维护的难道仅仅只是协和医院？不是这样！更重要的是，梁启超以一片拳拳之心，努力促进着整个科学事业在中国的发展。

知识链接

梁启超 字卓如，号任公，又号饮冰室主人。他是近代中国著名的思想启蒙者，与康有为一起领导了“戊戌变法”运动。他深度参与了中国从封建社会向近代社会的转型和变革，与王国维、陈寅恪、赵元任一起，并称为民国初年清华大学国学院四大教授。同时，梁启超也是著名的新闻报刊活动家。他的文章富有独特的历史视角，启迪人们的思想，感情勃发，生机盎然。梁启超曾倡导宣传文体改良的“诗界革命”和“小说界革命”，其著作合编为《饮冰室合集》。

失而复得的项链

今年假期单位组织去鼓浪屿旅游，我精心给母亲挑了一串珍珠项链。母亲为我们全家操劳了大半辈子，却从来没有打扮过自己，我想让母亲知道女儿们的孝心，于是买了这串项链。项链颜色是淡粉色的，色泽显得很柔和，珠子大小也很均匀，一粒一粒都很饱满。虽然比不上名贵的珍珠，但也花去了我两千元钱——将近我一个月的工资。

在母亲过七十岁生日的那天，我给母亲戴上了它。母亲一面抱怨着我们不会过日子，说买这些东西干什么；一面却也掩饰不住自己的喜悦，毕竟操劳一生，女儿们现如今已长大成人，懂得感恩图报了。到了中午，我们姐妹两个为了好好给母亲庆祝生日，带母亲去了附近一家比较高档的酒店吃饭。在等待上菜的间隙，母亲要去一趟洗手间，姐姐说要陪母亲一起去，但是因为洗手间离餐桌不是很远，母亲决定自己去。我和姐姐坐在餐桌前唠起了家长里短，回忆起我们小时候的傻事趣事，不时发出一阵笑声。谁知母亲一去好长时间都没有回来，我和姐姐有些慌了，生怕母亲不小心出了什么意外，赶紧去找。在洗手间的门口，我们看见了母亲，她正在跟一个年轻的女孩儿说话，看起来很熟悉的样子。见我们来了，母亲对那女孩儿笑着说："你看，我的女儿们还是觉得我老了，所以不放心，都来找我了，那再见了！"那女孩儿也微微地向母亲弯了弯腰，转过身匆匆地走了。

母亲以前是大学教授，带过很多学生，所以当时我和姐姐都没多想，以为那个女孩儿是母亲以前带过的学生。一直到晚上回到家里，闲谈时说起那个女孩儿，我们才从母亲那里知道了事情的真相。

那个酒店餐厅的洗手间分内外两间，外面是梳妆间，里面是女厕。当时母亲从女厕出来，想在镜子前简单地梳洗一下，可是她又怕肥皂水弄脏了珍珠项链，就把它很小心地摘下来，放在了梳妆台上的一个专门用来盛饰物的白

格言

与人为善就是善于宽谅。

——弗罗斯特

色小瓷盘里。

等到母亲洗完脸准备重新戴上珍珠项链的时候，她却发现小瓷盘空了，明明刚刚才放进里面的项链，现在却不翼而飞了！母亲在一时的紧张之后马上冷静下来。她想了想，在她梳洗的那段时间里，酒店的洗手间里一直都只有她和另外一个女孩儿，而且她梳洗的时候女孩儿就站在她身边。母亲很清楚地记得她把项链放进了瓷盘里，那么只有一种可能：那个女孩儿把项链拿走了。等到母亲隐隐约约意识到些什么的时候，她看见那个女孩儿正抓着洗手间玻璃门的铜把手，准备出去。母亲叫住了女孩儿。

母亲说，她知道当时那种情况下不能着急，哪怕是一点儿急躁的样子，也会把那个女孩儿吓跑。

“姑娘。”母亲用柔和的语气说。

“干什么？”那女孩儿转过头来，一脸慌张。

“请你帮我个忙好吗？”

“什么事？”那女孩儿稍微愣了几秒钟后问道。

“事情是这样的，我有一串珍珠项链，是我的小女儿送给我的礼物。不是很昂贵，但那是她用自己整整一个月的工资给我买的。刚才我怕洗脸弄脏了，随手一放就不记得放在什么地方了，人老了，这记性真不好。今天是我第一次戴它，要是找不到了，我女儿可要伤心死了。因为今天是我的生日，她们非要热热闹闹地好好庆祝一下，带我来这儿过生日。其实，像我这样的年龄，我倒希望她们不记得我的生日才好，免得老是提醒我一天比一天老。”

女孩儿长久地看着母亲，她紧张的神情开始有些缓解，慢慢地她的脸上现出一丝微笑，她顿了一下说：“您看上去一点儿都不老。”她停了一下又说，“阿姨，您先别着急，我帮您找找看吧。”

“那就麻烦你了。姑娘，你先在这儿找着，我也到里边去找找看。”母亲背过身去，推开了里边那扇门。

过了一会儿，母亲走了出来。那女孩儿用餐巾纸托着那串珍珠项链说：“阿姨您看，是这串吗？”

母亲接过来说：“就是它！还是年轻人的眼睛好，真谢谢你了。”

女孩儿连忙说：“不用，真不用。”停了一下，她又说，“我也祝您生日快乐！”

就在这时，我和姐姐找来了。

说完，母亲抚摩着脖子上的珍珠项链，无限感慨地说：“那女孩儿，真不错。”

“她偷了您的东西，您还谢她，您应该去叫保安。”我和姐姐异口同声地叫道。

“我觉得她也许不是有意要偷我的东西，”母亲说，“要是我叫保安，那我们两个人中，总有一个会丢掉珍珠的。”

母亲的话让我和姐姐陷入了长久的深思。是啊，如果当时母亲不是这样处理而是用了其他的办法，结果肯定不会这么圆满。是宽容，母亲的宽容，让那个女孩儿重新找到了她心中最宝贵的珍珠——老老实实做人。我们俩也终于明白了母亲的良苦用心。

知识链接

鼓浪屿 位于福建省厦门岛西南隅，与厦门市隔海相望。原名圆沙洲、圆洲仔，因海西南有海蚀洞受浪潮冲击，声如擂鼓，而得名。由于历史原因，中外风格各异的建筑物在此地被完好地汇集、保留，有“万国建筑博览”之称。小岛还是音乐的沃土，人才辈出，钢琴拥有密度居全国之冠，又得美名“钢琴之岛”“音乐之乡”。

靠什么赢得竞选

2006年4月，美国哈佛大学研究生院学生会主席竞选活动正在进行之中。在美国历史上，有七位总统毕业于哈佛大学，他们中有三位，曾担任过哈佛研究生院学生会主席。因为这样的历史，在哈佛大学里，研究生院学生会主席的职位一直有“哈佛总统”的美誉，对争强好胜的哈佛大学学生来说，赢得它意味着至高无上的荣誉。这一次竞选开始之后，像往年一样，哈佛大学内展开了激烈的竞争，各院系最出色的学生都投入到竞选之中。

各个研究生院共推选出四十七名代表参加，竞选环节非常复杂。经过紧张激烈的一轮轮淘汰后，一位来自中国上海的女孩儿以成熟干练的作风脱颖而出，顺利进入了前四名。这个女孩儿叫朱成，2001年，她从北京大学毕业后，被哈佛大学教育学院以全额奖学金录取。现在，她要面对的竞争对手是三名美国博士生：哈恩、吉米克和桑斯。四位竞选人中，桑斯名列最末，很多人以为他会退出竞选，然而桑斯不仅没有退出，而且做出了一个令所有人感到意外的举动：5 月 3 日，桑斯宣布召开新闻发布会。在发布会上，他分别爆出三名竞选人的个人隐私，并对他们进行了猛烈的人身攻击。针对朱成的攻击是：朱成在 2005 年夏天，以救助一名南非孤儿为名，独占了大量公众捐助这名孤儿的捐款，而那名孤儿根本没有获救，至今仍流落在纽约街头。桑斯发布的爆炸性新闻震动了整个哈佛，心怀正义感的同学们马上召开集会，要求立即取消另外三名候选人的资格。朱成陷入巨大的危机之中，许多原本支持她的同学们纷纷放弃，并且斥责朱成的不诚信行为。一时间，朱成似乎已经注定要输掉竞选。但朱成没有灰心丧气，反而更加冷静坚强。她和她的同学们一起，费尽周折，最终找到了那名孤儿。当这名孤儿得知事情的经过之后，主动提出要帮助朱成澄清此事。他很快赶往哈佛，向所有的同学详细讲述了事情

格言

宽恕可以交友，当你能以豁达光明的心地去宽恕别人的错误时，你的朋友自然就多了。

——罗　兰

的真实情况。同时，朱成也公开了明确的收支账目，桑斯的造谣在确凿的事实面前很快烟消云散，胜利的天平又一次倾向了朱成。

另外两名候选人则没这么幸运。哈恩和吉米克无法为自己分辩，恼羞成怒的他们为了报复桑斯，突然公布了一段在一家中国超市里，桑斯被警察询问的录像，并狡猾地暗示，桑斯曾有偷窃行为。一时间，桑斯百口莫辩，竞选情形似乎对朱成更加有利。

在竞选的最后关头，四位竞选者一起召开了新闻发布会。哈恩、吉米克和桑斯都显得有些沮丧，只有朱成依旧露出端庄的微笑。她走上台，对所有同学说："同学们，在今天正式投票之前，我想先告诉大家一件事，就是关于桑斯在超市'偷窃'的事。"朱成的话，让所有的人都屏住了呼吸，桑斯更是因为惶恐而攥紧了拳头。朱成面带微笑，继续说道："我去那家中国超市问清了事情的全部经过。事实上，桑斯并不是因为偷窃而被警察调查，而是在帮助超市老板抓住了小偷之后，接受警察的问询。"朱成话音刚落，发布会现场顿时一片哗然。桑斯抬起头惊讶地看了看朱成，微张着嘴，想说什么，却欲言又止。哈恩和吉米克垂头丧气地站在一旁，他们实在想不明白：为什么朱成要帮助对手澄清所谓的丑闻？朱成应该比谁都更加清楚，一旦桑斯重获清白，他就会是朱成最大的对手。在这种情况下，有谁会去帮助自己的对手呢？更何况桑斯不久之前还卑鄙地陷害过朱成。在一连串的变化中，竞选形势又一次变得捉摸不定了，朱成的支持者埋怨朱成帮了对手一个大忙。朱成只是淡淡地笑了笑："我只是希望这次竞选能够公平一些，这样赢得的胜利才有意义。"

正式投票快要开始了，桑斯突然走上讲台，面对全体同学，他举起右手缓缓说道："同学们，我要向我的支持者们表示抱歉，我宣布我将正式退出哈佛研究生院学生会主席一职的竞选。”会场里一片安静，桑斯的支持者们失望极了，他们不明白桑斯为什么在最后关头选择放弃。桑斯转向朱成，诚恳地说：“我希望我的支持者们将手中宝贵的选票投给朱成。我个人认为，朱成是当之无愧的人选。”他顿了顿，又说道，“在朱成的真诚和宽容面前，我感到惭愧。我想问问在场的所有同学，我们中有谁会像朱成一样，以她的方式对待对手？或者说，对待一个曾经伤害过她的对手？无论遇到怎样的境遇，朱成始终如一。在这个意义上，我早已输给了朱成，而且我衷心地表示对她的佩服。现在我只想说，如果朱成竞选成功，那么我愿意做她的助理，我将全力协助她在学生会的工作。”在桑斯发言的时候，台下鸦雀无声。桑斯说完之后，便向台下走去，人群中突然爆发出经久不息的掌声。

2006年6月8日，朱成以超过半数的支持率当选哈佛大学研究生院学生会主席。在哈佛大学近四百年历史上，朱成是唯一一位担任研究生会主席的中国籍学生。朱成最终靠什么赢得了竞选？不是靠不择手段地打倒对手，也不是对对手施加伤害和报复，而是依靠她内心焕发出的人格的力量。这种力量像光，让朱成无论遇到怎样的人生境遇，都足够从容与坚强。

知识链接

从哈佛大学走出的美国总统 哈佛大学是美国最著名的大学之一，是美国“常春藤盟校”的重要成员，在世界上享有一流大学的声誉、财富和影响力。哈佛大学于1636年成立，在近四百年的悠久历史中，走出了无数影响美国、甚至全世界的各界顶尖人才。到目前为止，哈佛共出过七位美国总统、三十三名诺贝尔奖获得者和三十二名普利策奖获得者。这七位总统分别是约翰·亚当斯、约翰·昆西·亚当斯、拉瑟福德·海斯、西奥多·罗斯福、富兰克林·罗斯福、约翰·肯尼迪和乔治·沃克·布什。

一位画家的诞生

麦德卢从小爱好作画，并且很有天赋，但是他努力了很久都没有取得显著的进步。加上原创画作是一件十分艰难的事情，渐渐地，他失去了在艺术道路上继续坚定走下去的耐心和勇气。于是，麦德卢做起了仿制世界名家名画的行当。相对原创来说，仿制显然来得更轻松一些，而且只要仿制品逼真，就可以获得不错的收入。当然，这种类似抄袭的行为，很可能导致他随时被各地的著名画家告上法庭。

一天，麦德卢正在自己的画廊里仿制着一幅名叫《提水的妇女》的世界名画，这幅画是大名鼎鼎的西班牙画家迭戈·委拉兹开斯的新作。麦德卢觉得应该趁早仿制，这样他才能得到更多的收入。麦德卢正对照着印刷品聚精会神地画着，这时，从门外进来一位外国游客，看到麦德卢正在仿制的这幅赝品后，开始什么也没有说，只是站在他的身后静静地看着他作画。

威尼斯是一座美丽的旅游城市，有许多外国商人或游客来到这里，时常会有游客从街上走进来观看他画画，麦德卢对此早已司空见惯。“先生，您需要买一幅画吗？”麦德卢一边作画，一边问他。“不！如果可以的话，我希望能够看着你作画。”那位外国游客说道。当麦德卢把画中那位提水的妇女画出来以后，他自以为模仿得很逼真。谁知那位外国游客带着一丝失望的神色，似乎对那幅画很熟悉一样地说：“那一桶水是很重的，相应的，妇女的身体就应该要更倾斜一些才对！如果想卖出更高的价钱，你必须要撕掉重新画！”麦德卢听后一想，只觉得这位外国游客说得有些道理，很有专业水准，就毫不犹豫地撕了那张画纸，重新认真地画了起来。

这一次，他果然把画中那位妇女的身体画得更弯了一些，对提水妇女的力量做了很好的展现。但是画完后，那位外国游客似乎依旧觉得不满意，沉思片刻，皱着眉头说道：“一幅画最重要的就是对光线的处理，这位妇女站的房

格言

生活中，谅解可以产生奇迹。

——穆尼尔·纳素夫

子里光线比较暗，那么水的颜色就应该更深一些才对！为了能卖更好的价钱，你必须要重新作画！”此时，麦德卢惊叹于这位外国游客敏锐的观察力和高超的欣赏水准，更让他敬佩的是其对于艺术作品一丝不苟的严谨态度，于是他决定再次重新作画。经过三个小时的努力工作，麦德卢完全按照这位外国游客的提议把这幅世界名画仿制了出来。画作的光线恰到好处，人物表现十分逼真形象，简直很难分辨出和原画作有何区别。

“非常感谢您的意见，现在这画看起来果然很不错，它一定可以卖到一个好价钱。”麦德卢十分感激地说。“是的，我也非常开心。这样既不会太影响我的声誉，又能为你带来很高的收益。”那位外国游客平静地说。“你的声誉？”麦德卢不解地说，似乎觉察到了什么，问道：“很冒昧，但我不得不问一声，您是……”“迭戈·委拉兹开斯。”那位外国游客说。麦德卢惊呆了，他万万没有想到，眼前这位对画画异常挑剔的游客竟然就是自己仿制画作的原作者，西班牙画家迭戈·委拉兹开斯本人！要知道，迭戈在当时的绘画界占据着至关重要的地位，无论是在绘画技艺方面还是作品的观赏性方面，他都是不折不扣的革新者。麦德卢不禁感到无地自容，更让他意想不到的是，迭戈·委拉兹开斯不仅没有对他的抄袭勃然大怒，而且还一直耐心地在他身后指导作画。正在麦德卢担心这位大师会怎样惩处自己时，

迭戈·委拉兹开斯居然什么也不说，转身就要离开画廊。麦德卢有些诧异地问："你不打算到法院投诉我吗？"没想到迭戈·委拉兹开斯竟然大度地笑笑说："生活本是艺术的土壤，虽然你只是在仿制，但我依旧不希望因为艺术而威胁到你的生活。"

听了这话，麦德卢羞愧不已，迭戈对艺术的严谨入微和对他人的宽容大度使他敬佩不已，他此时才领悟到艺术的真谛。这件事对麦德卢的影响非常大，他明白自己之前的抄袭和仿制是对艺术极大的不尊重，艺术更注重的是内心世界的表达。从那时起，麦德卢决心一定要创作出完全属于自己的绘画作品。此后，他再也不仿制别人的画作，而是充分发挥自己的作画技巧和对艺术原本的热爱，把更多的时间和精力用在了真正的艺术创作上，最终成为意大利著名的画家。

多年后，麦德卢仍然记得迭戈当年对自己的宽容和理解，他在自传里写下了这样一段话："是迭戈的宽容挽救了我！如果他选择让我受到法律的制裁，那我在艺术上就永远不会有什么成就。"

知识链接

巴洛克艺术 巴洛克艺术于16世纪后半期在意大利兴起，17世纪步入全盛期，18世纪逐渐衰落。巴洛克艺术具有豪华的特色，同时也具有浓郁的浪漫主义色彩，非常强调艺术家的丰富想象力。巴洛克艺术还有着浓重的宗教色彩，宗教题材在巴洛克艺术中占有主导的地位。巴洛克艺术表现在建筑、雕塑、绘画、服装等很多方面，其中宏伟壮观、充满动感、戏剧性的构图，体现无限的空间，加以光的对比，使画面产生统一协调如舞台布景的效果，这是巴洛克绘画的特色。巴洛克画家的典型代表是比利时的鲁本斯、荷兰的伦勃朗、西班牙的迭戈·委拉兹开斯、英国的凡·戴克等。其中迭戈·委拉兹开斯的代表作《宫女》，曾经对后期浪漫主义画派画家产生很大的启示和影响。

一首特殊的告别曲

海顿成名以前，曾经担任过俄国彼得耶夫公爵的私人乐队队长，领导着三十多名乐手。因为财务问题，有一天，公爵突然决定遣散这支乐队，这就意味着海顿和乐手们将要丢失饭碗。大家一时心慌意乱，不知所措。“这个公爵一点儿都不懂音乐！”“也不和我们商量一下，突然就要遣散我们，真是太过分了！”也有人气郁难平，愤愤地抱怨道。海顿也同样如此，一想到要和与自己同甘共苦许多年的伙伴分离，他的心里很不是滋味。

但是海顿却没有沉浸在失落和咒怨的情绪中。他主动去找那些反应激烈的乐手们真诚地交谈，希望他们能理解并且原谅公爵的决定。同时海顿也在想：公爵是一个很固执的人，他决定的事情一般是很难更改的，应该怎样做才能说服他保留乐队呢。想来想去，突然海顿灵机一动，提笔谱出了一首新曲子。海顿找到公爵，告诉他乐队希望能够在遣散会上做一次独特的告别演出。公爵同意了。

到了告别演出的当晚，因为是最后一次为公爵演奏，乐手们有的人心里还是愤愤不平，有的则万念俱灰，甚至表情呆滞，根本打不起精神来。但是乐手们看在平时公爵对大家不薄的情分上，还是尽可能地发挥演奏水平。随着海顿手中指挥棒的飞舞跳跃，动听的音乐如流水般缓缓涌动起来。

这首曲子是海顿专门为今晚谱写的。乐曲的旋律一开始极其欢悦优美，跳动的音符把乐手们与公爵之间真挚的情感和美好的友谊表达得淋漓尽致，公爵不由得感动起来。渐渐地，乐曲由明快转为委婉，像是在离别之际，低诉依依不舍的留恋之情。又继而转为低沉、幽怨的曲调，既像是为过去的快乐回忆而抱憾，又像是在对公爵表示理解和告别。最后，悲伤的情调在空气中弥漫开来，将离别的情绪渲染到了高潮。

这时，一位乐手停了下来，和谐的乐曲顿时少了一个音符，他吹灭了乐谱架上的蜡烛，站起身来向公爵深深地鞠了一躬，然后悄悄地离开了。接着，又一名乐手以同样的方式离开……乐手们一个又一个地相继离开了。原本丰富饱满的曲调，因为越来越多的乐手的离开而渐渐变得气势微弱、单调乏味。最后，空荡荡的大厅里只剩下了海顿一个人，还有他旁边乐谱架上的一支蜡烛在黑暗中静静地闪烁着。海顿停止了指挥，从孤零零的指挥台上转过身来，深深地向公爵鞠了一个躬，然后吹熄了指挥架上的蜡烛。偌大的音乐厅霎时间昏暗了下来，只留下被这一幕惊呆了的公爵。

当海顿也像其他乐手一样，准备要默默离开的时候，公爵的情绪已达到了顶点——他充满哀伤的脸上写满了不舍和抱歉。他再也忍不住了，大叫起来："海顿，这是怎么回事？"海顿平静地转过身，真诚而深情地回答说："尊敬的公爵大人，这是我们全体乐队成员在向您做最后的告别啊！"这句话，让公爵突然醒悟了过来。他回想着刚才乐曲中表现的一切情绪，想到过去与乐团共同度过的快乐时光，回味着乐队在刚才的演出中表现出来的默契与真诚，情不自禁地流下了眼泪。"啊！不，不要走，请让我再考虑一下。"公爵拉着海顿的手说道。

就这样，面对被抛弃的局面，海顿并没有选择抱怨或报复，而是选择去理解对方、去体谅对方、去包容对方，成功地使公爵把全体乐队成员留了下来。海顿自己说："是宽容，成就了我灵魂的乐章。"在遣散会上演奏的曲子就是海顿的代表作之一——一首特殊的《告别曲》。

格言

宽容是文明的唯一考核。

——海尔普斯

知识链接

交响乐 是采用大型管弦乐队演奏的奏鸣曲，主要分为交响曲、协奏曲、乐队组曲、序曲和交响诗五种体裁。交响音乐的起源可以追溯到十分遥远的历史长河中：它的名称源于古希腊，是当时“和音”和“和谐”两个词的总称。到了古罗马时期，它就演变成为泛指一切器乐合奏曲和重奏曲的代称。15 世纪 ~16 世纪，也就是欧洲的文艺复兴时期，交响乐这一名称被当作一切和声性质的、多音响器乐曲的标志。18 世纪中后期，维也纳古典乐派的兴起及一些天才作曲家的伟大创作，使得交响乐这一艺术形式发展到了全面成熟的阶段。被誉为“交响乐之父”的奥地利作曲家海顿，一生共创作了一百二十多部交响乐，他在交响乐艺术上的贡献是确立了交响乐的形式和规模。他的艺术成就直接影响到了另外两位交响乐大师——莫扎特和贝多芬。

把对手变成朋友

林肯是美国历史上最受人敬仰的总统之一。林肯在总统竞选前夕，曾经到一个参议院进行演说。刚走上讲台，就有一名参议员一脸挑衅地对他说："林肯先生，在你开始演讲之前，我希望你记住自己是个鞋匠的儿子。"众人听到这话一片哗然，纷纷看向林肯，心想他该如何应对，甚至有人窃窃私语，觉得林肯一定会大发雷霆。出人意料的是，林肯并没有发怒，而是用淡淡的微笑回应，并答道："你的话让我想起我的父亲，他已经过世了，谢谢你，我一定会始终记得自己是鞋匠的儿子。而且我希望，我做总统能像我父亲做鞋匠那样做到最好。"

整个参议院顿时陷入沉默，大家都很惊诧有可能成为未来总统的林肯会有这样的回答。林肯顿了顿，又对那位挑衅的参议员说："据我所知，我的父亲以前也为你的家人做过鞋子。如果你的鞋子不合脚，我可以帮你改一下。虽然我的技艺不如我的父亲，但从小耳濡目染，我对修鞋也略知一二。”接着，他面向所有参议员，诚恳地说，“对参议院的任何人都一样，如果你们穿的那双鞋是我父亲做的，并且需要修理或改善，我一定尽可能帮忙。但有一点可以肯定，我父亲的手艺是无人能比的。”说到这里，大家深深地被林肯面对诘难表现出的姿态和气度所折服，并对他报以热烈的掌声。

1860 年，林肯不负众望，成为美国历史上第十六任总统。当时美国社会形势十分紧张，南部叛乱势力猖獗。很多议员主张用战争的方式解决纷争，林肯却并不希望如此。他认为，人民大众将是战争中最大的受害者。有人对他的行事方式有所不满，批评他对待政敌的态度，认为他过于软弱。这些反对派责怪林肯说：“你为什么试图把政敌变成朋友呢？你应该想办法打击他们，甚至消灭他们才对。”林肯则睿智而幽默地回答道：“难道我们不是在消灭政敌吗？当把他们变成朋友时，政敌就不存在了。”

格 言

宽恕一个敌人要比宽恕一个朋友容易。

——布莱克

林肯担任总统期间，最大的政敌之一是一个名叫斯坦顿的战将。斯坦顿对战争很有见解，有着丰富的军事理论和实战经验，对军队更有强大的号召力和领导力，而且工作起来永远不知道疲倦。但是，他对林肯存在着很深的偏见，认为林肯长相难看，为人也太软弱。因此，他经常在公开场合讽刺林肯，说林肯是个笨蛋，长得像长臂猿。在一次采访中，斯坦顿居然嘲笑林肯说："我们为什么非得到森林里去看大猩猩呢，白宫就有一个现成的正在那里抓耳挠腮。"虽然斯坦顿对林肯十分无礼，但是林肯抛弃个人恩怨，从大局出发，始终认可斯坦顿是一个对国家忠心耿耿的人才，很是器重他。林肯曾经在一次会议上放低姿态，说："我决定牺牲自己的一部分尊严，派斯坦顿担任陆军部部长。"没想到斯坦顿非但不领情，还是一如既往地嘲笑林肯。

在一次战役中，林肯派一名官员向斯坦顿下达了一道命令，谁知斯坦顿竟然当面破口大骂："下这种命令的人真是一个十足的傻瓜和混蛋！"那个官员回去后，一字不落地向林肯汇报，林肯不但没有生气，反而轻描淡写地说："既然斯坦顿认为这个命令是错的，那就一定有他的道理。因为他身在战场的第一线，比我更了解情况。我相信他的判断是正确的。"林肯的话很快就传到斯坦顿的耳朵里。他为自己的无礼和傲慢感到羞愧难当，同时更被林肯的人格魅力所深深折服。他一改昔日傲慢的态度，竭尽全力为林肯效力，创造了一个又一个战绩。

有人说宽容是怯懦，但林肯的故事告诉我们，宽容是智慧，是勇气。这就是林肯宽容的智慧和魅力，人们从林肯身上看到的是身为一位领导人，更是一位品格高尚的普通人所应该体现出的宽容美德。在后人为他修建的林肯纪念馆的墙壁上，至今仍刻着这样一段话："对任何人不怀恶意，对一切人宽大仁爱。"正如林肯所说，对手并不可怕，学会宽容，对手也会变成最好的助手。当我们有勇气去宽容对手，我们也将更有勇气去战胜对手。

知识链接

美国总统制 1787年，刚获得独立的美国十三个州的代表五十五人，在费城独立厅召开了制宪会议，制定联邦宪法。宪法规定：国家行政大权赋予总统，总统任期四年，由各州选举的总统候选人选出。总统是最高的行政首长，又是武装部队的总司令。总统经参议院同意，有权任命部长、外交使节、最高法院法官以及政府其他官员。总统还有权批准或否决国会通过的法案。1789年1月，根据宪法，美国举行历史上第一次大选，选举独立战争的杰出领导人华盛顿为美利坚合众国第一任总统，也是世界上第一位总统。

有一种姿态叫作巴黎

巴黎被誉为“世界文化艺术之都”。在巴黎，城市人文景观与自然景观相映成趣、相互交融，彰显着巴黎的个性，也共同雕琢着这座美丽的国际化大都会。沐浴在巴黎浓郁的文化艺术氛围中，人们既可以感受到深厚的历史积淀，又能够感受到它的包容与创新。正是这种虔诚的姿态，使得巴黎的文化艺术能够博采众长，既包容了埃菲尔铁塔、卢浮宫玻璃金字塔这些当时极具争议的地标性建筑，又接纳了蓬皮杜、布特罗等许许多多不朽的艺术大师。

说到巴黎的姿态，以对待新奇的事物来说，巴黎既排斥陌生，又能够经过全新的诠释，接受陌生并包容它，这也是巴黎之所以是巴黎的原因之一。1889 年，为了庆祝法国大革命一百周年，巴黎举办了大型国际博览会，埃菲尔铁塔就是本届博览会的产物。但是在铁塔刚建成的时候，就引起了轩然大波。因为人们认为它像一个现代的钢铁大玩具一样，矗立在无数精美的古代建筑群之中，显得实在是太陌生、太突兀、太不协调了。但渐渐地人们也就容忍了，而且后来的事实证明，人们的态度不仅是容忍，慢慢地，埃菲尔铁塔甚至成了巴黎引以为傲的景观、巴黎的象征。

的确，巴黎的姿态已经成为优雅的代名词。它绝不仅仅表现在接纳埃菲尔铁塔的态度上，它还成就了另一个著名的建筑——蓬皮杜国家艺术文化中心。这座设计新颖、造型奇特的现代化建筑，是由钢管和玻璃管构成的庞然大物，外墙布满五颜六色的管线和钢铁架，使整个建筑物像一个正在建设中的工地，盘踞在巴黎典雅秀美的古建筑群中，显得突兀而怪异。这个建筑完工后，由于一反巴黎的传统风格，许多巴黎市民都无法接受，一时间引起了极大的争议。但是随着时间的推移，人们开始慢慢地接受，并把它当成了一个活跃的娱乐及文化的中心——一个包容造型艺术、建筑艺术、展览演出以及其他种种最现代化表现手段的中心，一个属于专家、游客以及附近社区民众的快乐中心。

也正因为巴黎在历史上就一直存在着的这种兼容并包的姿态和胸襟，20 世纪 80 年代，美籍华裔建筑大师贝聿铭才敢于大胆地在卢浮宫入口处设计加装一个玻璃金字塔式的顶。在设计方案刚出台时，就遭到了九成巴黎人的空前反对。有人认为，这样做是对繁复而庄严的巴洛克皇宫的无言的冒犯，这样做只会破坏卢浮宫这座具有八百年历史的古建筑风格。也有人认为，这就像在身穿锦绣袍服的古代王公头上戴了一顶小丑才戴的透明尖顶帽，这巨大的破玩意儿就是一颗假钻石。但是，尽管面对着各种各样的指责，巴黎仍然以自己宽广的胸襟接纳了它，并在后来的日子里逐渐改变了这些人的看法。于是这年轻的玻璃金字塔，辉映着八百多年历史的卢浮宫，成为那条贯穿巴黎的中轴线上的最后一颗明珠。于是有人说，只有贝聿铭才敢有这种设想。也有人说，很协调，好像是原有的一样。渐渐地，世人都一改之前对它的看法，对其不吝溢美之词，公认它为“卢浮宫院内飞来的一颗巨大的宝石”。

和贝聿铭大胆新颖的设计一样被包容的，还有费尔南多·布特罗搬上香舍丽榭大街凯旋门一侧两端的三十一座巨大的铜质塑像。同样，起初的时候，这组塑像并没有引起人们的交口称赞，反而使得大家议论纷纷。因为这些铜塑中的裸体人物和动物只能用一个字来概括，就是“肥”。出生于哥伦比亚的布特罗，他的作品带有浓郁的拉美民族色

格言

宽宏精神是一切事物中最伟大的。

——欧　文

彩，包含深邃的文化内涵和艺术价值，他的创作通常以一些慵懒贪吃、体态肥胖的贵族男女、富商为原型。布特罗创作这些作品的动机究竟是什么，人们不得而知，但大多数人

在观赏之后都不认为他是为了表现美，而认为是暴露人（包括牲畜——其中有马、狗等）的丑。特别是他把肥胖的人畜都塑造得泰然自若、神气活现、悠然自得。像这类作品如果放在其他城市展出，也许会惹出不少麻烦，但巴黎接纳了它们，并把它们陈列在这座城市的中心地带让世人参观。这是因为布特罗意图表现的不单单是对人的警喻和反讽，更多的在于他是想表现真实的一面。古典派的雕塑从来都是表现人体的匀称和流畅，应该承认，那是真实的另一面，但许多杰作把这一面美化到了极端的程度。而巴黎认为布特罗匠心独运，能够反其道而行之，力图表现人的真实，所以巴黎坦然容纳了布特罗的真实。

其实，当我们沿着塞纳河散步的时候，巴黎的这种谦和的姿态随处可见。我们有时也会觉得毗连着的不同时代的房屋看起来感觉有点儿别扭，毕竟 17 世纪的古拙和 19 世纪的精细反差很大。而庄严的凯旋门与现代的拉底第斯大方门遥遥相对，想想觉得很荒谬。可是当我们再仔细看看的时候，发现每一处建筑都因它们的风格各异而成为了巴黎不可忽视的一处独一无二的风景。我们不禁这样想：可能正是因为巴黎这座城市无比广博宽容的胸襟和兼容并包的姿态，才成为了一个如此别具特色的艺术殿堂。

知识链接

凯旋门 又称雄狮凯旋门，是欧洲一种纪念战争胜利的建筑，始于古罗马时期。当时统治者以此炫耀自己的功绩，后为欧洲其他国家所沿用。常建在城市主要街道中或者广场上。用石块砌筑，形似门楼，有一个或三个拱券门洞，上刻宣扬统治者战绩的浮雕。位于法国巴黎的戴高乐广场中央的凯旋门，是拿破仑为纪念1805年打败俄奥联军的胜利，于1806年下令修建而成的。拿破仑被推翻以后，凯旋门工程中途停止。波旁王朝被推翻后又重新复工，到1836年7月29日终于全部竣工。

“怀特-罗伯特”诊所

20 世纪 30 年代，纽约一家医学院，罗伯特和怀特同是一位著名眼科专家的学生。在学习期间，他们两个人成了无话不谈的好朋友，像亲兄弟一样亲密无间。大学毕业后，罗伯特和怀特在纽约分别开了两家眼科诊所。罗伯特的诊所在城南，怀特的诊所在城北。

诊所刚刚开办的时候，罗伯特和怀特经常相互通信。他们在信中既交流各自遇见的疑难病例，也谈日常生活中发生的小事，关系依然十分亲密。但是，随着时间的流逝，两家诊所在经营状况上的差距不断扩大。怀特的诊所地理位置非常好，去那里看病的人很多，他也凭借高超的医术治愈了很多病人，赢得了良好的口碑，诊所的生意越来越好。而罗伯特却没有这么幸运，他的诊所地理位置有些偏僻，病人一直很少，生意越发惨淡。虽然两个人的诊所在纽约的一南一北，并不存在竞争关系，但因为生意上的差距和心里的芥蒂，罗伯特和怀特之间产生了越来越深的误会。渐渐地，两个曾经的好朋友中断了彼此之间的联系，形同陌路。

几十年过去了，罗伯特和怀特都已变成了白发苍苍的老人。他们把精湛的医术分别传授给了自己的孩子。两人的孩子也都继承了父亲的天赋，成了优秀的眼科医生。

罗伯特诊所的生意仍然不好，他的独生女茜茜一直担任老罗伯特的助手。老罗伯特常常以为，这样简单平实的生活会持续下去。直到有一天，茜茜一觉醒来，突然发现自己的眼前一片漆黑！在突如其来的恐惧中，茜茜大叫起来。罗伯特匆匆赶到，迅速为女儿做检查。检查完后，老罗伯特的手无法控制地颤抖起来：原来，茜茜得了突发性失明。凭借自己多年的经验，老罗伯特知道，恐怕很难治好女儿的眼病了。尽管如此，老罗伯特还是用尽了所有方法，试图让茜茜重见光明。但是结果却让他一次又一次的失望，茜茜也不得不接受自己成为一个盲人的事实。

茜茜是一个心怀希望与善意的女孩儿。眼病没有让她变得性格阴郁，反而使她更加体会到了健康的重要和生活的美好。她像过去一样，常常到急诊室里去安慰那些焦躁的病人。女儿的坚强，老罗伯特都看在眼里。他一面为女儿感到骄傲，一面却深深自责。他是一个优秀的眼科大夫，一生中治愈了许多病人，却无法治愈自己的独生女儿，陷入极度内疚的老罗伯特一天天地衰弱下去。他知道，对于茜茜而言，能够重见光明的唯一一线希望，就是他青年时的挚友——比自己医术还要高明的怀特。然而时隔多年，他要怎么样才能对怀特说出那句一直埋在心底的“对不起”呢？一天晚上，老罗伯特将茜茜叫到自己身边，把一个沉甸甸的金属盒子放在她的手上，虚弱地说：“孩子，这个盒子一直是我的心结。本来想亲自交给怀特，可惜，我知道我活不了多久了。等我死后，你带着它去找怀特先生，替我把盒子转交给他。”说完，老罗伯特带着深深的遗憾，永远闭上了双眼。

安葬好父亲，茜茜带着父亲临终前交给自己的盒子，

在一位朋友的陪伴和帮助下，找到了怀特医生的诊所。一个年轻医生接待了茜茜，原来他是怀特医生的儿子小怀特，而老怀特早在两年前就已经去世了。听完茜茜的来意，小怀特接过盒子。茜茜听到“咔嗒”一声轻响，接着听到一张张纸被缓慢地翻动的声音。过了许久，小怀特亲切地对茜茜说：“罗伯特先生转交给我父亲的东西，我已经看过了。请你放心，虽然父亲不在了，但是我一定会竭尽全力医治好你的眼睛。”

茜茜从此留在了怀特的诊所。小怀特不仅安排了最佳的治疗方案，还在生活上对茜茜悉心照料。一年过去了，茜茜可以隐约看到微弱的光线。又一年过去了，她可以看到东西的轮廓了。三年之后，茜茜的眼病奇迹般地痊愈了。在这三年朝夕相处的时光里，茜茜和小怀特之间还产生了美好的爱情，两个年轻人决定结婚，永远生活在一起。

许多年后的一天，茜茜在整理诊所的时候，无意间翻

格言

谁若想在困厄时得到援助，就应在平日待人以宽。

——萨　迪

出了一个盒子。凭借熟悉的触感，她知道这就是父亲临终前交给自己的盒子。这么多年过去了，茜茜几乎完全忘记了它的存在。她小心翼翼地打开盒子，原来，里面装着的是一沓厚厚的信。信封上都写着同一个收信人的名字：怀特。茜茜看着熟悉的字体，知道这些信都是父亲写给怀特的。在茜茜一封封地阅读完信中的内容后，泪水已经模糊了她的双眼。每封信里都书写着当年罗伯特和怀特珍贵友情的点点滴滴。在最后一封信里，老罗伯特用颤抖的笔迹写道："怀特，我知道我们友谊的中断都是因为我的忌妒和冷漠。可是这么多年来，我那愚蠢的自尊心，还有我的怯懦，让我始终没能对你亲口说一句对不起。我的朋友，我有多么后悔，我又是多么地想念你啊！"茜茜泪如雨下。不知道什么时候，小怀特来到了她的身后，轻轻揽住茜茜的肩膀说："我相信，他们一定早就彼此原谅。因为我们今天的一切，是他们的宽容带给我们的……"

在纽约市北部，过往的行人注意到曾经那家叫作"怀特诊所"的眼科诊所新换了招牌，上面写着"怀特-罗伯特诊所"，由一对医术精湛的年轻夫妇精心经营。

从"怀特诊所"到"怀特-罗伯特诊所"，一个看似简单的更名背后，却有着一份不为人知的温暖的力量。这种力量中，既有对过去岁月的遗憾和追悔，也有对未来的满怀希望。更重要的是，它历经岁月的洗涤，历经两代人心灵的洗涤，最终成了一种坚实的支撑。这份支撑宽恕了过去，让一切获得了新生。

知识链接

常见眼病及防治 现代社会，我们在日常生活里，可能会长时间看书、看电脑或者使用手机，这些状况使得眼病成为越来越常见的普发病症之一。眼睛是非常柔弱的器官，尤其是在青少年时期，眼部组织尚未完全发育成熟，这就更加需要我们平时对它爱护和关心。常见的眼病有干眼症、结膜炎、睑腺炎、斜视、红眼病等，当大家感觉到眼睛不舒服时，应及时休息，以湿润的热毛巾热敷双眼，滴眼药水，以保证眼球湿润。在感到眼部疲劳时，做眼保健操也是很好的缓解方法。

莫斯科人的胸怀

故事发生在伟大的苏联卫国战争期间。经过浴血奋战，苏联人民最终获得了莫斯科保卫战的胜利。莫斯科的街道上布满废墟，到处都是惨烈战斗留下的痕迹，震耳欲聋的炮声渐渐平息下来。随着苏联的战胜，德国战俘也被押解进莫斯科。

在得知这个消息后，莫斯科的人们纷纷拥上街头，一起去见证敌人的失败。在宽阔的莫斯科大街两旁，人山人海，围观的群众中大部分是老人、妇女和儿童。他们都是这场战争的受害者。他们的儿子、丈夫和父亲，为了保卫莫斯科这座城市，付出了鲜血乃至生命的代价。在这场异常残酷的战争中，牺牲的苏联人当中有很多是被入侵的德国法西斯杀害的。

失去亲人的痛苦，激怒了原本温和善良的苏联人民。他们怀着满腔的仇恨走上街头，一双双充满愤怒与复仇火焰的眼睛，齐刷刷地向德国战俘走来的方向注视着。他们要看看是谁让自己失去了家园和亲人，更有人想在俘虏进城时报仇雪恨。为了防止出现意外，莫斯科出动了大批的军队和警察，组成了一堵密密实实的人墙，挡在愤怒的群众前面。

长长的德国战俘队伍缓缓走来。上万名疲惫不堪、无精打采的德国战俘迈着沉重的步子，在荷枪实弹、威风凛凛的苏联士兵的押解下走进莫斯科城。战俘走近了，更近了！围观的人群开始骚动，有人喊出打倒法西斯的口号，有人叫骂着让杀人的凶手偿命。虽然负责维持秩序的警察立刻阻止了如潮水般向前拥去的人群，但是他们马上又被汹涌的人潮冲得七零八落。警察和士兵几次手拉手组成人墙，最终好不容易才将人潮挡住。

德国战俘早已狼狈不堪：他们有的头上裹着绷带，低着头不敢直视人群；有的身负重伤，血迹斑斑；有的躺在担架上，不断发出痛苦的呻吟。围观的人群中咒骂声此起彼

格言

宽容产生的道德上的震动比责罚产生的要强烈得多。

——苏霍姆林斯基

伏，更不断有人朝战俘们挥着拳头，甚至扔东西砸向他们。面对情绪激动的人群，德国战俘木讷呆滞的目光中充满了恐慌与惊惧。出于求生的本能，他们不住地往后退，不愿前行。不知道是因为虚弱还是恐惧，一个抬着担架的战俘突然瘫软在地上，手中的担架也随之滑落，担架上的重伤员被狠狠地摔在了地上。他根本无力逃脱，只能拼命地呼喊求救。

这时，一位苏联中年妇女在混乱中拼力挤过人墙，冲到这个倒在地上的战俘跟前，挥起拳头就要捶打。这是一个失去小腿的重伤员，他的双腿在膝盖的位置裹着绷带，厚厚的绷带早已被鲜血渗透。他头上的伤口也盖着纱布，破烂的军装上沾满了血迹，脸上的稚气犹存，看样子也就二十岁左右的年纪。望着迎面挥来的拳头，他无力躲闪，只能瞪着惊恐的眼睛，发出绝望的哭泣。眼泪顺着他黑漆漆的脸流了下来，冲出两道痕迹。

蓦地，中年妇女停住了，木雕泥塑般地站在那里。她怔怔地看着年轻战俘的脸，心头一阵剧烈刺痛。她自己的儿子正是在这个年纪走上了战场，去为他的祖国抗击外敌。她清晰地记得临行前，还亲手为他缝制了一套衣服。儿子出发那天，自己望着他远离的背影，不知道望了多久。然而，他再也没能回来。此时，在眼前这个德国战俘年轻稚气的脸上，她仿佛看到自己战死的儿子的影子！他虽然是被俘的敌军的士兵，但也是一个孩子啊！他的母亲此时或许也和自己当年一样，在家门口望着那条小径，期盼儿子的归来！

中年妇女犹豫了一下，叹了口气，眼泪无声地滑落下来，那只高举的拳头也慢慢垂了下去。她从怀里掏出一块用纸裹着的面包，轻轻地递到受伤战俘的面前。这名战俘几乎不敢相信自己的眼睛。他已经好几天没有吃过东西了，但是他迟疑着，盯着面包许久，始终不敢伸手去接。直到妇女把面包塞到他的手中，他才如梦方醒，抓起面包，连裹在外面的纸都顾不上撕，如一头饥饿的小兽一样，把整个面包塞到了嘴里，噎得上气不接下气。中年妇女又从怀里取出一个水壶，递到了他的面前。“其实他跟我的儿子一样，毕竟还只是个孩子！”妇女一边说着，一边用颤抖的手轻轻抚摩着年轻战俘头上的创伤，失声痛哭起来。

妇女悲恸的哭声撕心裂肺，骚动的人群一下子安静下来。无论是德国战俘还是苏联群众，大家都呆住了，一个个用惊异的目光注视着眼前的一切。空气仿佛一下子凝固住了，整条大街一片死寂。不知从哪里又传出了一阵哭声，人们这才醒悟过来。紧接着，出人意料的一幕出现了：原本愤怒的苏联群众平静了，他们纷纷拿出面包、火腿、香肠等食品，一起递给德国战俘们……

知识链接

莫斯科保卫战　是指第二次世界大战时苏德战争的一次大会战。1941 年 6 月，法西斯德国集中了一百九十个师的兵力，以闪电战术入侵苏联。苏联因准备不足，在战争初期节节败退，德军直趋莫斯科城下，双方在莫斯科郊外展开了殊死决战。莫斯科保卫战是包括苏军为保卫莫斯科并粉碎向莫斯科进攻的德军“中央”集团军群各突击集团而实施的一系列防御战役，大约七十万的红军士兵在战斗中伤亡或失踪。在付出如此巨大的代价之后，举世瞩目的莫斯科保卫战取得了彻底的胜利。这一胜利使德军“不可战胜”的神话破灭了，莫斯科人民在历史上留下了光辉的一页。

背后那一枪

这是发生在第二次世界大战中的一个真实的故事。一天，一支正在执行任务的英国部队在森林中与一支纳粹德国部队遭遇了。经过一场激烈的战斗，其中两名战士被打散了，与自己的队伍失去了联系。没有人知道他们在哪里，其他人都以为他们牺牲了。这两名战士来自同一个小镇，那里民风淳朴，镇上的人彼此都认识，大家像一家人一样亲密。他们从小在一起长大，在加入部队之前就是很好的朋友。在这次生死未卜的战斗中，他们也一直并肩战斗，互相照顾，彼此不分。

经过刚才那场激烈的战斗，他们早已经筋疲力尽。他们两人在森林中艰难跋涉，互相鼓励，互相安慰。十多天过去了，他们依然没有看到一个人影，找到部队的希望也越来越渺茫。更要命的是，他们的粮食眼看着就要消耗殆尽。而且因为战争的缘故，森林里的动物早已经四散奔逃或者被杀光，就连一只用来充饥的野兔都看不到。天无绝人之路。就在两人几乎绝望的时候，他们幸运地打死了一只鹿，依靠鹿肉又可以艰难地度过几天时间了，这让他们着实兴奋了好长一段时间。但在侥幸猎得那只鹿之后，他们再也没看到任何动物。仅剩下的一点点儿鹿肉背在年轻战士的身上，生存又成了问题。有一天，他们在森林中寻找食物时不幸遇到了敌人，经过再一次激烈战斗，两人又一次挣脱了死神的魔爪，巧妙地逃脱了。

就在他们自以为已经安全时，突然听到一声枪响，背着鹿肉走在前面的年轻战士中了一枪，发出一声痛苦的哀号，倒在了地上，这一枪打在了他的肩膀上。走在后面的士兵惶恐地跑了过来，他害怕得语无伦次，抱着战友的身体泪流不止，并赶快把自己的衬衣撕下来包扎战友的伤口。幸运的是，这一枪打在了战友的肩膀上而不是其他部位，没有伤及要害。

格言

对于所受的伤害，宽恕比复仇更高尚，鄙视比雪耻更有气派。

——富兰克林

夜晚来临了，在皎洁的月光下，受伤战士肩膀上用来包扎的衣服已经被鲜血完全渗透，对于自己的生命他已经不抱任何希望了。而那位没有受伤的战士则似乎感受到了生命的严重威胁，他面色惨白，两眼直勾勾地呆看着前方，嘴里一直叨念着小镇上的母亲。他们都以为自己的生命即将结束，所以用来救命的鹿肉谁也没有动。他们相偎着回忆着家乡小镇的一草一木，一起回忆起童年那些无忧无虑的时光，一起度过了生命中最漫长也是最难忘的一夜。也许命不该绝，天知道，他们是怎么被自己的部队发现的。当太阳升起的时候，大部队终于找到了已经完全昏迷不醒的两个人，他们获救了。

故事讲到这里，似乎可以告一段落了，这显然是一个人们乐于接受的喜剧结局。然而事隔三十年后，当年那位受伤的战士临终前的一番话却让人们感到强烈的震撼。他说："其实我知道当年是谁开的那一枪。"守在病床前的家人很是惊讶。"他就是当时和我在一起的老乡和战友！"他接着平静地说，"他去年去世了，否则我永远都不会说出这个秘密。如果我死在他前面，我会让这个事情烂在肚子里带走。那年在森林里，当我中枪后他跑过来抱住我的时候，我分明感觉到他的枪筒还在发热。那一刻我就明白了，他想独吞我身上带着的鹿肉活下来。当时我很恨他，但是当晚我就宽恕了他。因为我知道，他在镇上还有一个相依为命的老母亲，他之所以那么强烈地想要活下来，一定是为了照顾他的母亲。但是，令人难过的是，他的母亲还是没有等到他回来就已经永远地离开了。后来，我还和他一起去祭奠了他的母亲。在他母亲的墓前，他跪下来，深深地忏悔了自己的过错，流着泪请求我的原谅。我拥抱着他，不让他说下去。其实他不知道，我在事发当天就已经宽恕了他。这么多年来，对于他，我还是和以前一样，以最好的朋友，一家人的心态对待他。对于发生在那场残酷战争中的事，我的心没有仇恨，有的只是异常的平静，在那之后我们又做了近三十年推心置腹的朋友……”说完这段话，他平静地闭上了眼睛。

的确，在人的一生中，有可能会遇到来自各方面的明枪暗箭和背叛伤害。我们应该做的，不是睚眦必报，斤斤计较，让仇恨的种子生根发芽。而是应该和这位战士一样，用自己的宽容去化解仇恨，赢得别人的爱和尊重。

知识链接

野外生存知识 野外生存知识包括：野外定向、迷途处理、紧急避险、野外救护、扎营、寻找水源、防虫防蛇等。如辨别方向可以采取以下措施：1. 寻找北极星

（夜间）。2. 植物辨别：南面植物枝叶茂密，松树流出的松脂较多。3. 手表：将手表时针正对太阳方向，此时时针与十二点处之间的夹角平分线指向正北。4. 立竿法：在一空旷处立一直竿，此时竿有一影，记下影子的顶点位置，做好标志 A；过十分钟左右，影子的顶点变到另一处，记下位置做好标志 B。此时，AB 两点的垂直平分线为正北方向，向太阳的一方为南。营地选择时要注意以下几点：1. 靠近水源；2. 有燃料；3. 避风雨、防蚊虫；4. 远离河床、避开山谷；5. 地势平整，较高，通风；6. 蚊虫少和没有野兽。

加尔各答的奇迹

1947 年 8 月，印度即将独立，埋伏在印度教徒和穆斯林之间的仇恨也爆发出来，双方都在摩拳擦掌，准备血战印度最大的城市加尔各答。8 月 13 日，印度建国的前一天，双方之间的冲突愈演愈烈。费尽一生心力追求的印度独立即将实现，然而不同宗教之间的偏见、暴戾却将这即将到来的希望掩盖在一片灰暗之下。人们可以拥有不同的宗教信仰，但生活在同一片土地上的人们，难道就不能像兄弟姐妹般和谐相处吗？暴乱与流血事件不断升级，这一切都令一直倡导大爱与宽容的甘地心痛不已。本应留在新德里享受国父荣耀的甘地，一位已经年近八旬的老人，匆忙赶到已处于一片混乱之中的加尔各答。

当甘地乘车前往加尔各答市中心的时候，迎接他的不是敬仰的目光，更不是鲜花的祝福，而是石块的攻击和漫天的咒骂。在骚乱中杀红眼的印度教徒向甘地吼叫道："甘地，你是一个叛徒！救救我们印度教的兄弟姐妹吧！不要保护穆斯林！”甘地没有在混乱中仓皇逃离，而是让司机停车，他缓缓打开车门，手无寸铁，独自一人走向混乱危险的人群。甘地平静地说：“我并没有偏袒任何一方，而是为了保护印度教和穆斯林而来的。我已经八十多岁了，我的一生也许很快就要结束。现在看着你们陷入疯狂、自相残杀，如果用石头砸死我，能让大家忘记仇杀，我很乐意如此。”

甘地不提倡也不支持动用军队镇压暴乱，因为在他看来，以暴制暴，只能产生新暴力。甘地的武器，是非暴力的“爱”与“宽容”。他到处走访、演讲、劝说、静坐。甘地身上的土布衣裳干干净净，这个瘦弱的老人在印度的闷热中枯坐着，耐性仿佛能熬干恒河之水。甘地身体力行，用圣雄的胸怀感化了狂热分子：印度独立之夜出奇的平静，上万市民一起祈祷。就连原本准备切断对方喉管的印度教徒和穆斯林也走上街头，并肩游行，高呼团结和友善的口号。他们甚至互相交换了点心和糖果，抛撒着象征幸福繁荣的

格言

真正的非暴力，威力超过最强大的暴力。

——甘　地

玫瑰花瓣。三天后的《纽约时报》写道：“甘地一个人组成了维和部队，创造了加尔各答这座城市的奇迹。”

遗憾的是，这个奇迹只持续了两个多星期。8月31日，加尔各答的局势再度恶化，恐怖行为和局部战争开始弥漫。甘地悲悯地看着痛苦的人们。他没有抱怨更没有咒骂他的同胞，他开始以绝食的方式抗议人们的暴行，并试图感化众人，唤醒人们心中的理性和良知。长时间的绝食令甘地的健康迅速恶化，许多人劝甘地为了生命吃点儿东西。但是甘地坚定地表示，只要同胞残杀的事情仍在加尔各答的土地上发生，他便会继续坚持绝食，直到生命的最后一刻。在甘地绝食的过程中，有一天，一位因为暴乱而痛失爱子的印度教徒，满眼怒火地冲到虚弱不堪的甘地面前，狠狠地将一张饼扔在甘地身上，并怒吼道：“伊斯兰教徒杀死了我的儿子，而我也把一个穆斯林小男孩儿摔死在墙上！我就要下地狱了，但我不想背负杀你的罪名！所以吃吧，快吃吧，千万不要饿死！”甘地躺在床上，微弱地说道：“我知道你是一个善良的母亲，我也知道一个让你可以不去地狱的方法。去找一个穆斯林的孤儿吧，好好把他抚养成人，而且还要将他教导成为穆斯林的教徒。我相信，你一定会得到宽恕和心灵的解脱。”那个曾经因为仇恨而失去理智的母亲听了甘地的话，满眼泪水，跪在甘地的床前久久不起。终于，被仇恨蒙蔽了双眼的人们，被甘地的自我牺牲和宽容仁慈感动了。他们逐渐放慢了互相攻击的节奏，最终放下了刀剑，加尔各答恢复了许久不见的平静与祥和。

宽恕罪过，包容差异，用宽容与爱消解偏见与仇恨，这是甘地所做的，也是甘地期望人们能做到的。宽容是一种关乎我们个人生活的重要个人品质，它是一种做人智慧，引导我们走向更美好的生活。然而，宽容又不仅仅是只关乎个人利益的事情。当我们站在更高更远的角度，回顾人类历史文化的历程，不禁感叹宽容是推动人类文明进程的动力。世界的文明，离我们很远，同时也离我们很近。历史由无数个和我们一样的平凡人书写，我们所处的世界正是我们自己亲手建造的。如果我们每个人都选择包容，相信这个世界会变得更加美好。

知识链接

印度 是印度共和国的简称，位于亚洲南部。古印度人创造了光辉灿烂的古代文明，作为最悠久的文明古国之一，印度具有丰富的文化遗产及旅游资源。印度也是世界三大宗教之一——佛教的发源地。印度的首都是新德里。国旗自上而下由橙、白、绿三个相等的横长方形组成，橙色象征勇敢和自我牺牲精神；白色象征纯洁的真理；绿色表示信心。

硬汉柔情曼德拉

曼德拉是南非政坛上扭转乾坤的历史巨人，也是享誉全球的诺贝尔和平奖得主。他的一生始终在艰苦卓绝地奋斗，为的是把南非带入一个种族平等、和睦、自由、民主的新时代。

二十三岁那年，曼德拉来到南非最大的城市约翰内斯堡。他先后做过警察、律师等工作。身为黑人，他亲眼看见并经历了南非种族隔离制度给黑人带来的贫穷与屈辱。有一次，曼德拉在街上行走，有一个醉醺醺的白人青年迎面走过来，满脸厌恶地对曼德拉喊道："黑鬼！闪开！"

为了改变黑人遭受的悲惨境遇，曼德拉发誓要将一生投入到为黑人争取自由和权利的斗争之中。为此，他付出了巨大的代价。1964 年，曼德拉因为反对种族隔离政策被白人政府判处终身监禁。他坚守着一个人应有的尊严，拒绝带有侮辱性质的囚服以及食物。监狱同意了他的要求，但作为交换条件，狱方提出："除非你同意被单独关押，我们才能保证你提出的条件得到满足。" 许多囚犯可以忍受肉体上的痛苦，但却在精神孤独的折磨下完全崩溃。狱方这样做，正是为了摧垮曼德拉的意志。然而，曼德拉接受了狱方提出的条件。这意味着，他必须面对的是极度的封闭和常人难以忍耐的孤独：没有人可以说话，听不到任何人的声音，囚室是完全封闭的，连一丝自然的光线都无法透入，只有一只发出昏黄光线的灯泡。囚室里没有书，没有笔，甚至连一只老鼠、一只蟑螂都没有，有的只是空荡荡的狱墙四壁。为了彻底摧残曼德拉，狱中的禁食更是常常发生。

曼德拉的许多战友，在这样非人的折磨下崩溃了，放弃了，有些人神智失常，有些人则向白人政府屈膝投降。曼德拉却从未屈服，也从未表现出丝毫的动摇。

他如同铁打的一般，无论狱方怎样对他折磨，他始终以强悍的意志力顶住了重压。连他的政敌也无比钦佩地感

格言

只有勇敢的人才懂得如何宽容；懦夫决不会宽容，这不是他的本性。

——斯特恩

概说，曼德拉是一个钢铁铸造的人，他是一位真正的铁骨硬汉，没有任何东西能够摧毁他。

1990 年 2 月 11 日，南非当局在国内外舆论压力下，宣布无条件释放曼德拉。

在狱中度过了二十七年后，曼德拉终于获释，随后发表了演讲。当人们都以为这位硬汉会以激烈的言辞向政府宣战的时候，出人意料的是，硬汉曼德拉宣布放弃个人仇恨，放弃武装斗争，准备坐下来和仇视黑人近半个世纪的白人政权进行谈判，并表示愿意在谈判中做出让步。

此后的几年中，曼德拉为了实现种族平等做了艰苦卓绝的努力，并且初有成效。就在南非种族形势有所好转的时候，一个意想不到的事件发生了。2002 年的一个夏日，曼德拉宣布要乘火车前往南非北部的一所学校参观。但是，临行前的几天，曼德拉临时被邀请参加一个在美国纽约举行的国际和平会议。会议结束的日期距离参观学校的时间不到两天。曼德拉的助手劝他说："和平会议结束后，您还是取消参观学校的行程吧。否则，您也太辛苦了！"曼德拉摇摇头，回答道："我已经答应过孩子们了，不去的话，他们一定会很失望。"于是，曼德拉与助手在和平会议结束后第一时间赶回了南非。

当曼德拉参观校园的时候，他的助手满脸愤怒地跑过来，贴着曼德拉的耳朵轻轻说了句什么。曼德拉的脸色立刻凝重起来，随后，他对助手说："不要杀他，放了他。"原来，一名二十八岁的白人青年因为对曼德拉心存不满，计划暗杀这位领导黑人自由运动的领袖。得知曼德拉要乘火车到学校参观的消息后，白人青年提前在一段铁轨下埋下了大量炸药，企图制造爆炸事件杀害曼德拉。幸运的是，由于时间紧迫，曼德拉临时改乘了飞机，白人青年的暗杀计划没有得逞。警方则在发现炸药后进行追查，很快抓住了这名白人青年。

媒体披露这一恐怖事件后，群众无比激愤，强烈要求曼德拉严惩白人青年。没想到，曼德拉却宣布释放了他，并呼吁群众不要因为这次事件对白人进行种族报复。为此，曼德拉还特别进行了一场演讲，诚恳地劝说群众："我们要忘记那些充满仇杀的过去。我比任何人都清楚，他们曾对我们犯下过怎样的罪行。但是，今天我们正在建设自己的家园，一个崭新的南非。我们不能用无休止的血泪和仇恨来建筑我们的未来，我们要为了美好和希望而活，而不是为了仇恨和伤痛而活。"硬汉曼德拉，以一种宽容大度的"柔软"感化着曾经想要杀害他的凶手，更感化着曾经站在他对立面的敌人。他的这种胸怀使南非避免了种族报复的恶性循环，抛弃了沉重的历史包袱。种族平等和团结后，南非获得了令全世界惊叹的发展和进步。

知识链接

世界上最大的钻石 迄今为止，世界上所发现的最大钻石来自南非比勒陀利亚市卡里南镇的第一钻石矿。这颗钻石漂亮至极，呈蓝白色，通体无瑕，并以1902年它的发现者托马斯·卡里南的名字命名。这颗钻石重三千一百多克拉，相当于拳头大小。但令人疑惑的是，它的一边非常平直，似乎曾被分成两半。也许剩下的这块是较大的一部分，但是另一半却从未被找到。后来，这颗钻石被切割成一颗重达五百三十克拉的“南非之星”和其他几块小钻石，所有这些钻石目前都被镶嵌在英国女王的王冠上。

村落里的不平凡经历

1997年夏天，一位将近六十岁的黑人妇女，带着几个跟她一样风尘仆仆的随从，急匆匆地走在利比里亚通往几内亚的路上。这已经是她第三次怀着同样的心情，走在这条路上。离天黑还有几个小时，他们还可以赶不少路，可是这位妇女决定停下来。前面不远处有个小村落，有四五户人家，那个村落里有两个她永远不能忘记的家庭。一个家庭的孩子曾经是她的贴身护卫，而另一个家庭的孩子则曾经暗杀过她。

那是十三年前的事了。那一天，当她带着她的随从靠近这个村落的时候，她的贴身护卫维撒高兴地在前面带路。小伙子兴奋地告诉她，他的家乡到了，他的爸爸妈妈一定非常欢迎她的到来，一定会盛情款待他们。她那时不满五十岁，身体还够结实。一听这话，她黝黑的脸上绽放出笑容。连日的奔波，使他们看上去都非常疲惫，一行人现在需要充足的睡眠和给养。她抬眼看见前面不远处的村落，虽然整个国家动荡不安，可那个村落依然是一派和平景象，房屋低矮，但十分整洁，绿树葱茏，别有一番味道。就在他们靠近村庄的时候，突然一棵大树后面响起了枪声，子弹朝她射来。训练有素的维撒猛地把她扑倒在地。她获救了，可那颗罪恶的子弹却夺去了维撒年轻的生命。后来她才知道，开枪的人是维撒的邻居，一个叫阿撒的小伙子。阿撒被她的对手收买了，按照指示埋伏在那里，准备在她靠近村庄的时候暗杀她。

十三年后，重回此地，她决定停留。她找到了维撒的家。维撒的妈妈正从家里扛着一袋粮食往外走，看见儿子以前的上司，维撒的妈妈非常高兴，立即停住脚步跟她热情地拥抱，并把一行人请到屋子里，忙着给他们倒水、拿水果。一切安顿好，这位年迈的老妈妈又扛起那袋粮食出门了。她问老妈妈去哪里，老妈妈的回答让她大吃一惊。老妈妈说，她去给阿撒的妈妈送粮食。十三年前，阿撒暗杀失败后逃

格言

最高贵的复仇是宽容。

——雨　果

走了，十三年来杳无音信。阿撒的爸爸早就死了，剩下妈妈一个人穷困潦倒，现在又病了，需要有人照顾。她不禁提醒这位善良的老妈妈："他们不是我们的仇人吗？"老妈妈的回答再次让她吃惊："那都过去了，以怨报怨，只能增加更多的怨恨。"

那一刻，她被震撼了。过去每一次走在流亡路上，她都在想，有朝一日她一定要重新获得权力，搞垮她的政敌，使曾经让她饱尝艰辛的人得到应有的报应。今天，这位老妈妈的话，深深地教育了她：以仇恨面对仇恨，对立双方将永远无法摆脱战争。他们需要的是宽容，只有宽容才能化解矛盾，只有宽容才能消除隔阂，只有宽容才能获得理解，也只有宽容才能得到支持。从那以后，她不但以宽容的姿态去面对过去的对手，去面对各种纷繁复杂的事务，而且号召她的人民忘掉仇恨，以宽容与和解去治愈历史的创伤。正是她的宽容得到了利比里亚人民的理解和支持，最终通过民主选举，她于2006年1月16日宣誓就任利比里亚总统。

她就是埃伦·约翰逊·瑟利夫。这位六十八岁的非洲女性，是利比里亚自1847年建国以来的第一位女总统，也是非洲大陆有史以来的第一位民选的女总统。这位令人肃然起敬的女性有着太多的不一般：她十七岁结婚，离婚后独自抚养四个孩子的同时，自己还获得哈佛大学公共管理学硕士学位，三十三岁担任利比里亚内政部长，因为政变和竞选失利等原因，曾经三次流亡几内亚。正是在村落里那次不平凡的经历，使瑟利夫懂得什么才是利比里亚人民真正需要和企盼的。

在她就职的时候，她面临的是一个经历了四十一年内战留下的烂摊子。利比里亚失业率高达百分之八十，超过百分之十的人口滞留在各地的收容所，国民的文盲率更高达百分之九十……但是，这位铁娘子没有退缩，她承诺六个月内让长期没电的利比里亚首都通电，并且提出“女人准备创造历史，男人将帮助我们”的口号，号召全国人民齐心协力重建国家。她以宽大的胸襟，号召利比里亚人民忘掉仇恨，用宽容治愈心灵的伤口。事实证明，她实现了自己的诺言。上任一年后，利比里亚在这位杰出女性的带领下，一步步走上了正轨。她本人获得了2011年度的诺贝尔和平奖。

瑟利夫以她的宽容和智慧，为非洲政坛写下了不平凡的一章，也为这个需要宽容的世界写下了浓墨重彩的一笔。

知识链接

诺贝尔奖 是以瑞典杰出的化学家、工程师、发明家、企业家阿尔弗雷德·贝恩哈德·诺贝尔的名字命名的。诺贝尔一生共获得技术发明专利三百五十多项，并且在欧、美等五大洲二十个国家开设了约一百家公司和工厂，积累了巨额财富。1896 年 12 月 10 日，诺贝尔在意大利逝世。逝世的前一年，他留下遗嘱，设立诺贝尔奖。经过几年的筹备，1900 年 6 月，诺贝尔基金会成立，并于次年诺贝尔逝世五周年纪念日，即 1901 年 12 月 10 日，首次颁发诺贝尔奖。自此以后，除因战时中断外，每年的这一天分别在瑞典首都斯德哥尔摩和挪威首都奥斯陆举行隆重的授奖仪式。诺贝尔奖分设物理、化学、生理或医学、文学、和平五个奖项。诺贝尔奖包括金质奖章、证书和奖金。1968 年，在瑞典国家银行成立三百周年之际，这家银行捐出大额资金给诺贝尔基金，增设“瑞典国家银行纪念诺贝尔经济科学奖”，1969 年首次颁发，人们习惯上称这个额外的奖项为诺贝尔经济学奖。

没有金牌的“冠军”

2004年8月23日，雅典奥运会男子体操单杠决赛正在激烈进行中。二十八岁的俄罗斯名将，曾获得无数国际国内单项比赛金牌的阿列克谢·涅莫夫，被安排在第三位出场。对于这一次奥运会，涅莫夫可以说是满怀信心，不仅涅莫夫本人如此，甚至全体观众，也无不期待着这位实力强劲的体操名将可以再夺金牌。为了这一次奥运会比赛，涅莫夫在四年中毫不懈怠，日复一日地坚持刻苦的训练。二十八岁，对于一个体操选手来说，意味着黄金年龄已经过去，最佳的身体状况很难得到维持。然而，涅莫夫却与一般选手不同，随着年龄的增长，他的表现反而比过去更加稳定成熟。在一年前的世界体操锦标赛中，他以一套连续腾空抓杠的高难度动作征服了世界，这套动作因此被命名为“涅莫夫”腾跃。在这一次奥运会上，为了增加夺取金牌的把握，涅莫夫与教练商议，决定再次选择做这一套极具难度的动作。

在奥运会前的训练中，涅莫夫的表现非常出色，几乎没有出现过一次失误，因此，教练与涅莫夫都充满了信心。他们相信，涅莫夫一定会在奥运会这个世界舞台上大获全胜，再次为俄罗斯夺得荣誉。

轮到涅莫夫了，全场顿时响起热烈的掌声和加油声。对于许多观众而言，他们到场观看比赛，就是为了亲眼看一下这位体操名将的精彩表演。涅莫夫礼貌地向观众席示意，然后，他深深地吸了一口气，站在体操垫上，仰头看着他将再次征服的单杠。这一刻，在涅莫夫的眼中和心中，只存在着自己和这个单杠。

涅莫夫轻轻跳起，双手稳稳抓杠，挺身，腾空，旋转，宛如一只轻盈而灵活的海燕，在单杠上令人眼花缭乱地飞动。偌大的体操馆内陷入一片静寂，观众们被他的表演深深地吸引了，所有人的目光都一刻不停地追随着涅莫夫的身影。这是体操，也是舞蹈，既充满了力度，也充满了优雅。涅莫夫不是在比赛，他是在单杠上舞蹈的精灵。最后一个落地的动作，涅莫夫一顿，出现了一个小小的失误——他向前微微移动了一步。

瑕不掩瑜。人们并不以此为憾，涅莫夫已经以极高的难度和完美的表现征服了所有人。人们纷纷议论，涅莫夫做得太完美了，他应该得满分。

大屏幕闪烁着，很快，上面显示出最后的分数。令人惊讶的是，裁判只给了涅莫夫 9.725 分。

霎时间，奥运史上少有的情况出现了：全场观众纷纷从座席上站立起来，不停地高喊“涅莫夫”“涅莫夫”！他们高高地挥舞着手臂，集体发出持久而响亮的嘘声，以此表达自己对裁判的不满。这样一来，比赛完全无法再正常进行下去，裁判们神色尴尬，只好全体退场。这样一来，观众们更加愤怒，整个体操馆犹如一锅沸水，各种声音混合在一起，震耳欲聋。

第四位要出场的运动员是美国选手保罗·哈姆，他虽然已经准备就绪，但面对这种突发状况，却只能尴尬地站在原地，而后面将要比赛的选手也无不面色焦虑。早已退场的涅莫夫听到了场馆内的动静，便问一旁的工作人员比赛场内发生了什么。工作人员了解了情况，匆忙对涅莫夫说：“现在场内的观众因为您的分数问题，在体操馆内大声喧哗，后面的比赛完全无法照常进行。”涅莫夫听到这句话，皱紧眉头，他说：“这样可不好，让我去试试看。”

格言

没有宽宏大量的心肠，便算不上真正的英雄。

——普希金

观众们突然发现，他们喜爱的涅莫夫又一次进入了场地，所有的人顿时爆发出热烈的欢呼声。涅莫夫热泪盈眶，他一边向朝他欢呼的观众挥手致意，一边深深地鞠躬，感谢他们对自己的喜爱和支持。涅莫夫的大度让观众们的情绪更加激动，嘘声更响了，一部分观众甚至伸出双拳，拇指朝下，做出不文雅的动作来。

面对如此巨大的压力，裁判被迫重新给涅莫夫打分。屏幕再次亮起，场内鸦雀无声。然而，这种寂静仅仅保持了片刻，体操馆内又一次沸腾起来。原来，人们看到，这一次的分数是 9.762 分，显然它仍然没有达到观众的预期。观众们嘘声一片，他们愤怒地认为，裁判是在故意和涅莫夫过不去。

这时，涅莫夫也看到了最后的结果。他再次回到赛场，高举右臂向观众致意，并深深地鞠了一躬，表示感谢。接着，他伸出右手食指做出噤声的手势，然后将双手下压，请求和劝慰观众保持冷静，给下一位出场的保罗·哈姆一个安静的比赛环境。

观众们在涅莫夫的劝慰下终于平息了怒火，涅莫夫的从容大度，让中断了十几分钟的比赛得以继续进行。

在这次奥运会上，涅莫夫没有能够拿到金牌，但他却成了全体观众心目中真正的世界“冠军”。他没有击败对手，但他却以真正的大将风度征服了全世界。

知识链接

体操 “体操”一词源于古希腊语，本来是“赤膊操练”的意思。现代体操起源于18世纪~19世纪。当时欧洲先后出现德国、瑞典、丹麦等体操流派，它们不仅推动了体操运动的进一步发展，也为现代体操的形成奠定了基础。国际上的大型体操比赛有世界杯赛、世界锦标赛和奥林匹克运动会体操赛。1952年，赫尔辛基奥运会把体操列为正式比赛项目。目前，竞技性体操包括竞技体操、艺术体操、健美操、技巧、蹦床五项运动。其中，竞技体操男子项目有自由体操、鞍马、吊环、跳马、双杠、单杠六项，女子项目有跳马、高低杠、平衡木、自由体操四项。由于竞技体操的历史最久远，可以说是竞技性体操中的“老大哥”，因此现在人们还通常习惯用“体操”来称呼“竞技体操”。

第三十三块悼念碑

2007年4月16日清晨，在美国弗吉尼亚理工大学校园内，忽然传来了一连串令人心悸的枪声。很快，弗吉尼亚枪击案件的新闻传遍了全美国，一名发狂的韩国裔学生赵承熙，在大约九分钟内，在校园中发疯般地射出了一百七十多枚子弹，造成了三十二名无辜受难者的死亡，随后他自己也饮弹自尽。

这则消息震惊了全美国，也震惊了全世界。因为2007年的这一惨案发生在校园内，死去的都是无辜的年轻学子，所以这次枪击案件更是蒙上了一层悲怆色彩。

弗吉尼亚枪击案的第二天，当时的美国总统小布什下令降半旗为死难者致哀。舆论界纷纷指责凶手赵承熙，因为他，三十二名无辜的青年永远离开了他们的亲人和朋友。许多人对赵承熙恨之入骨，这种极度的仇恨情绪，甚至发展到对尚未查明凶手作案动机的警方的指责上。一时间，仇恨与悲痛的情绪充满了整个美国。

4月21日，弗吉尼亚理工大学为遇难者举行了悼念仪式。遇难者的家属、媒体、许多学生和老师，都参加了这次悼念仪式。然而，原本平静的悼念仪式上忽然出现了微小的波澜，人们开始纷纷议论，许多人的面孔上出现了疑惑和憎恨的表情，这是怎么回事呢？

原来，在这次悼念仪式上，为悼念三十二位死难者，人们特意竖立了半圆的石灰岩悼念碑。然而今天的悼念碑，却是三十三块，最后一块悼念碑，竟然是为赵承熙而立的。

惊讶、疑惑、不解……从人们的表情来看，许多人甚至对为赵承熙立碑感到愤怒。人们拥到这块悼念碑前，大家注意到，赵承熙的悼念碑和其他悼念碑一样，在剪成“VT”（弗吉尼亚理工大学的缩写）模样的橘黄色彩纸上写着“2007年4月16日，赵承熙”。悼念碑底座下，静静地堆放着一束玫瑰、百合拼成的花束，以及紫色的蜡烛。在花束中放着一张便笺，上面写着：“希望你知道我并没有太生你的气，

格言

正义之神，宽容是我们最完美的所作所为。

——华兹华斯

我并不憎恨你。你没有得到任何帮助和安慰，对此我感到非常心痛。这座悼念碑，是我提议为你而立，所有的爱都包含在这里。”落款处写着“劳拉”。

有人在一旁低低地惊呼：“上帝！竟然是劳拉！”原来，这个署名劳拉的女人，她的独生女儿就死于这一次枪击案件。

人群陷入了沉默之中，劳拉的举动，让所有的人从愤怒与仇恨中渐渐清醒。逝者已逝，而生活还将继续。经过这一次惨剧，每一个人都需要重生。而从仇恨中是无法重生的，只有从爱里，从包容里，才能获得重生。

从这一天开始，仇恨的情绪渐渐地消退，越来越多的鲜花和小字条出现在了赵承熙的悼念碑边。有人说：“赵，你大大低估了我们的力量、勇气与爱。你伤了我们的心，但并未伤及我们的灵魂，我们变得比以前更坚强、更骄傲。”

弗吉尼亚理工大学的学生在自发组织的悼念活动上，敲响的钟声是三十三声，放飞到空中的气球也是三十三个。研究生克里斯·巴克说：“赵承熙也是我们的同学，一共三十三名校友死亡，悲剧是所有人的。我们应该公平地为所有人的死亡哀悼。”

学生们制作的网络报纸也陆续登载了安慰赵承熙家人的文章。在赵承熙的姐姐赵敬善公布了道歉文后，一位名为凯西·克拉克的网民安慰她说：“这不是你或你家人的错误，你也失去了你心爱的人。”

在弗吉尼亚枪击案过去一段时间之后，许多人想起了与此相似的另一次事件。在那次事件中，同样有惨痛和悲伤，但也有着超越悲伤的感动和谅解。

1991 年，在美国爱荷华大学，中国博士留学生卢刚，因为学业和生活中出现了一些问题，在冲动之下开枪杀死了包括自己的导师在内的五名教师和同学，最后饮弹自尽。案件发生后，同样在美国引起了轰动，卢刚的家人承受了来自社会各方面的巨大压力。就在人们纷纷将批判和指责的矛头对准卢刚的家人时，在枪击事件发生后的第三天，受害人之一、爱荷华大学的副校长安妮·克黎利女士的家人，通过媒体发表了一封给卢刚家人的公开信，这封信是这样写的：

“安妮相信爱和宽恕。我们也愿意在这一沉重的时刻向你们伸出我们的手，请接受我们的爱和祈祷。我们深知，此刻，如果有一个家庭正承受比我们更沉重的悲痛，那就是你们一家。我们想让你们知道，我们和你们在一起，和你们共同分担着这一份沉重的悲痛。”

世界上总会有悲痛发生，然而善意和包容却像黑色天空中的星辰，在黯淡的背景下闪闪发亮，温暖人心。它们愈合世界的伤痛，消弭刻骨的仇恨，让生命在高尚的爱与清澈的泪水中获得重生。

知识链接

心理健康 心理健康是指具有较好的自控能力，且能保持心理上的平衡，能自尊、自爱、自信，而且有自知之明。一个人的心理健康是有标准的，不过，人的心理健康标准并不像生理健康标准那样具体和客观。生活在现代社会，人们应当掌握基本的心理健康标准，并以此为依据，进行心理健康的自我诊断。如发现自己的心理状况在一个或某几个方面与健康标准有一定距离，就要有针对性地加强心理锻炼，及时进行心理咨询，以期达到心理健康水平。

管鲍之交

管仲二十岁左右结识了鲍叔牙，起初二人合伙做生意，生意做得还不错，管仲家境贫寒所以出资少一些，鲍叔牙出资多一些。可是有人发现管仲用挣的钱先还了自己欠的一些债，而且在年底结算时，鲍叔牙分给他一半的盈利，他也接受了。鲍叔牙手下的人很生气，其中一个人对鲍叔牙说："管仲出资少，平时他开销又大，年底还照样和您平分效益，显然他是个十分贪财的人。要我是管仲的话，我一定不会厚着脸皮接受这些钱的。"鲍叔牙斥责他的手下道："你们满脑子装的都是钱，就没发现管仲的家里十分困难吗？他比我更需要钱，我和他合伙做生意就是想要帮帮他。我情愿这样做，此事你们以后不要再提了。"

后来管仲和鲍叔牙兄弟俩又一起充了军。有一次齐国和邻国开战，双方军队展开了一场大厮杀。冲锋的时候，管仲总是躲在最后，跑得很慢，而退兵的时候，管仲却跟飞一样地奔跑。当兵的都耻笑他，说他贪生怕死，领兵的想杀一儆百，拿管仲的人头去吓唬那些贪生怕死的士兵。关键时刻又是鲍叔牙站了出来，他替管仲辩护道："管仲的为人我是最了解不过了，他家有八十多岁的老母亲无人照顾，他不得不忍辱含羞地活着以尽孝道。"管仲听了鲍叔牙的这番话，感动得流下了热泪。过了两年多，管仲的老母病逝，他心中没了牵挂，这才安下心来为齐国效命。果然，管仲比谁都作战英勇。很快，齐襄公的弟弟公子纠发现管仲是个人才，便请他当了自己的谋士。而鲍叔牙则被齐襄公的另一个弟弟公子小白看中，拜其为军师。两个好朋友各自辅助齐国的一个公子。可是好景不长，昏庸的齐襄公总是疑心他两个同父异母的弟弟要篡夺他的王位，于是就让手下找机会除掉公子纠和公子小白。两个公子听到了风声，公子纠带着管仲跑到了鲁国，公子小白带着鲍叔牙跑到了莒国。

公元前686年的冬天，暴虐的齐襄公被手下的将士杀死，他的一个弟弟公孙无知继任为齐国君王。公孙无知当了

格言

人之心胸，多欲则窄，寡欲则宽。

——金　缨

君王没有几个月，就被手下的大臣给杀掉了，齐国当时一片混乱。流亡在莒国的公子小白和寄居在鲁国的公子纠得到消息后，都觉得自己继承王位的机会来了，急忙打点行装，准备回齐国争夺王位。

此时，管仲提醒公子纠说："公子小白所在的莒国离齐国很近，如果他先我们一步回到齐国，我们就无望了。我看还是由我先带一队人马去拦截公子小白，让鲁国派大将曹沫带另一队人马护送您回齐国。"公子纠采纳了管仲的建议。当管仲带着人马赶到莒国和齐国的交界处，正好碰上鲍叔牙带领一队莒国人马护送公子小白飞驰而来。管仲上前拦住他们的去路，对公子小白说："你不好好在莒国待着，要干什么去？""我回国办丧事去！"小白答道。管仲则说："您的哥哥公子纠已经回到齐国操办此事了，我看您还是返回莒国吧！"鲍叔牙虽然和管仲平日有手足之情，但现在各为其主，听到管仲如此不敬小白，鲍叔牙瞪着眼睛呵斥管仲道："我们公子回国有自己的事情，再说如果公子纠真的回到了齐国，你为什么还带人来拦截我的主公呢？"管仲谎言被揭，脸色通红，一时无言以对。鲍叔牙不敢耽搁，命令部队火速前进。管仲见状，情急之下搭弓取箭，朝车上的公子小白用力射去，小白惨叫一声，栽倒在车上。管仲见大功告成，便带着人马飞奔而去。没想到，管仲这一箭恰好射在公子小白的带钩上，公子小白装死逃过一劫。

鲍叔牙见公子小白平安无事，立刻命军队抄小路向齐国疾驰。管仲自以为射死了公子小白，不慌不忙地护送公子纠向齐国进发。到了齐鲁边界的时候，一个齐国的使者拦住了他们的马车，使者说："我奉齐国新君公子小白之命，前来通知鲁国，请你们不必送公子纠回国了。"管仲一听，才知道自己还是晚了一步。

原来公子小白已经在鲍叔牙的帮助下，早公子纠一步登上了齐国君王的宝座，并称为齐桓公。后来，在齐国的压力下，鲁国杀死了公子纠，并抓住管仲准备送还齐国，交齐桓公发落。这时，齐桓公感念鲍叔牙的忠心，要任命他做齐国的相国，鲍叔牙却不肯接受。他说："以前我帮主公做了些事情，那全是凭我对您的忠心而竭尽全力的。现在您要把相国这么重要的职务交给我，这绝对不是仅仅凭我的忠心就可以做好的，您应该找一个比我更有才能的人才行啊！"齐桓公说："在我手下的大臣中，还没有发现比你更出众的人才！"鲍叔牙回答道："我举荐一个人，保证能帮您成就一番霸业！"齐桓公急忙问："这个人是谁？"鲍叔牙笑着说："此人就是我的老友——管仲！"齐桓公听了很生气，说："管仲拿箭射过我，这一箭之仇我还没报呢，你反而让我来重用他？"鲍叔牙恳切地说："管仲不顾一切地为公子纠卖命，用箭来射杀您，这不正好说明他是个忠心的人吗？各为其主，他当时那样做是没什么不对的。现在要治国了，若论才华，他远远超过我鲍叔牙啊！您要成就霸业，需要管仲的辅佐。如果您现在能够不计前嫌地重用他，他一定会死心塌地帮您治国啊！”齐桓公听了此番话语，很感动，同时为了齐国的利益，他听从鲍叔牙的劝说，断然弃忘前嫌，拜管仲为相国。管仲也很感激好友鲍叔牙，更被齐桓公的大度和睿智所折服，决心鞠躬尽瘁，竭尽全力报效齐桓公。他积极改革内政、发展经济、重新给农民划分土地、重视和其他国家通商，还对齐国的军队实行严格的训练和管理。由于管仲的改革，齐国在几年内就兴盛起来。

管仲曾经无限感慨地说：“生我者，父母也；知我者，鲍子也！”正是由于鲍叔牙的宽容才成就了管仲的辉煌，他们的故事在当时和后来都被人们津津乐道，“管鲍之交”也成了伟大友谊的代名词。

知识链接

管鲍之交 管鲍之交这个成语，起源于管仲和鲍叔牙之间深厚友谊的故事，最初见于《列子·力命》：“生我者父母，知我者鲍子也。此世称管鲍善交也。”管仲和鲍叔牙之间深厚的友情，已成为中国代代流传的佳话。在中国，人们常常用“管鲍之交”来形容自己与好朋友之间亲密无间、彼此信任的关系。

君当以宽

刘宽是东汉桓帝、灵帝时期的名臣。正如名字所寓意的那样，他待人宽厚，温文尔雅，无论是对普通百姓还是亲朋好友，都十分谦和。时值东汉末年，政治腐败，刘宽的宽容雅量就像黑暗中的一缕亮光，照进了人们的心灵。后来，他的故事被范晔写进了《后汉书》，为世人所传颂。

刘宽早年曾任南阳太守，有一次他坐着牛车出巡，希望了解辖区内的民生情况。走出城没多远，一位老农拦下了他的车。这位老农刚刚丢了一头赖以犁地的牛，正焦急不堪。这时，他正好和刘宽的牛车相遇，刘宽驾车的牛和老农的牛外表很相似，因而，老农误以为刘宽驾车的这头牛就是自己丢的牛，吵着要把牛带回家。

刘宽的随从认为这个老农在无理取闹，想绕开他继续前行。但是老农拦着车不让他们走，随从不得不请示刘宽如何处理这件事，并建议把这个老农带回衙门，治他冲撞太守的罪。但是令人吃惊的是，刘宽并不责怪这个老农，甚至不为自己做什么辩解，只是缓缓地从车上走下来，将牛车交给老农，自己和随从步行而归。

没走多久，老农的家人告诉他已经找到了丢失的牛。老农这才意识到自己刚刚犯下的错误，急忙乘着牛车沿着刘宽等人离开的方向，追上了刘宽一行。刘宽十分感谢老农把牛车送回来，这时，他的随从不小心透露了刘宽的太守身份。

老农听后大吃一惊，立即叩头谢罪。他声音颤抖地说："我不知道您的身份，刚刚冒犯了您，任您怎么样处罚。"不料，刘宽笑着说："事物有相似之处，事情也允许有错误，劳累你来把牛归还我，为什么还要道歉呢？"老农感激得不知如何是好。后来，这件事被州里的人知道了，大家都很钦佩刘宽的宽厚大度，刘宽在南阳人民心中有了崇高的威望。

后来，刘宽的人格和在南阳的政绩得到了朝廷中一些能臣的肯定，被提拔到京城做官。在京城中，他的宽厚性

格言

以大度兼容，则万物兼济。

——《宋朝事实类苑·祖宗圣训》

格使他交到了一些朋友。一天晚上，他邀请一位朋友来家中做客，但是和朋友喝酒喝到一半时，发现酒不够了，他急忙派一位仆人到街市上买酒。

隔了好久，仆人才醉醺醺地回来了。原来这个仆人在路上遇到了一位好友，因而在为刘宽买完酒后，就和这位好友在酒家畅饮一番。客人等了这么久十分焦急，见此情景，便忍不住对这个仆人骂道："畜生！"本来刘宽心里也很焦急，他很担心仆人这么久不回来是不是因为遇到了危险，他看到仆人醉酒的样子也略有不满。但是听到朋友的怒声呵斥后，他并没有继续责备这个仆人，反而担心他受辱后会想不开。刘宽对身边的人说："他是个人啊，骂他是畜生，还有什么样的污辱比这更厉害呢？所以我害怕他会去死。"这个仆人听到刘宽原谅了自己的过失十分感动，也更加后悔自己的行为。那个朋友听到了刘宽对仆人的安慰，十分后悔自己的粗鲁和对他人造成的伤害，也更加钦佩刘宽的人格。

刘宽的夫人与刘宽生活了几十年，深知丈夫的宽厚性格，她也多次听到外人对丈夫宽厚性格的称赞，有一天她忽然想试试丈夫到底有多宽厚。这天早上，正当刘宽要赴朝会，衣冠装束整齐之时，她让侍女送上肉汤，故意打翻弄脏了刘宽的衣服。侍女匆忙收拾，准备接受责罚。这时，刘宽神情不变，缓缓地对侍女说："汤烫伤你的手了吗？"见此情景，夫人感叹刘宽的性情气度竟能如此，即使仓促之中也能做到和颜悦色。

刘宽的事迹传开后，大家都称刘宽是宽厚长者，他的事迹被当时的人们所推崇，更为后人敬仰和广泛传颂。刘宽的宽厚展现了他非凡的精神世界，只有内心平和、精神成熟的人才会有如此之举。原谅他人的过失，不仅对他人是一种解脱，也能让自己得到别人的爱戴和尊重，这是君子的智慧。

知识链接

《后汉书》 是一部南北朝时期出现的记载东汉历史的纪传体史书，记载了从光武帝开国到汉献帝建安二十五年（220 年）退位以来一百九十五年的历史。它是“二十四史”之一，与《史记》《汉书》《三国志》并称为“前四史”。全书共包括十纪、八十列传和八志，其中十纪、八十列传的作者是刘宋时期的著名学者范晔，八志的作者是晋朝人司马彪。

宽以待人苏东坡

苏轼是中国历史上的文化名人。他多才多艺，在诗词、书法、绘画、音乐、围棋、易学、饮食等各个方面都取得了不俗的成就。不仅如此，苏轼还是一个很有生活情趣的人，在文人笔记和民间传说中都有关于他的大量的逸闻趣事。在流传的许多故事中，关于苏轼有雅量、胸怀宽广的故事让人印象深刻。

有一段时间，苏轼因为与力主全盘取消新法的司马光等人不和，于是自请外任，来到风景优美、气候宜人的杭州做官，担任杭州太守这一职务。十六年前，他就曾经因为与激进改革派王安石等人不和而自请外任来到杭州，那次他担任的是杭州通判一职。苏轼来到杭州后为当地的老百姓做了很多实事，比如他在杭州实施了一项重大的水利建设——疏浚西湖，并且用挖出的泥土在西湖旁边筑了一道堤坝，也就是著名的“苏堤”。在他的治理下，本来就很富庶的杭州城更加繁华，老百姓安居乐业，生活安定。在这期间，他曾经审过一个案子，被审的人犯姓吴名味道，被查出私售棉纱，偷税漏税，被关进了监狱。几天后，苏轼作为主审官员审判此案。当吴味道被押上堂后，苏轼发现他身背一个大包袱，而且在包袱的外面贴有封纸，上面写着：杭州通判苏轼送京师苏侍郎宅。苏侍郎就是苏轼在京城官居门下侍郎的弟弟苏辙，封纸上没有写明苏辙的具体地址。苏轼此时担任杭州太守，通判是他十多年前在杭州的职务，而且他从来没有托人带东西给弟弟。很明显，吴味道是假冒他的名义行欺骗之事。

当吴味道得知堂上坐的正是苏轼的时候，当时就吓得瑟瑟颤抖。因为这下不仅是私自贩卖棉纱那么简单了，而且还担着假冒朝廷官员走私这样的大罪，惶惶之中他只好把事情的原委一一招供。原来这个吴味道是个穷书生，虽然苦读诗书，但却运气不佳，每次考试都不中。好不容易这次州试中榜，有了进京赴考的机会，但却没有路费。乡

格言

恶人胆大，小人气大，君子量大。

——中国谚语

里的人很同情他，为他捐了一些银两和棉纱，他把这些一并带上，打算将棉纱带到京城换一些银两用。但按照当时朝廷的规定，私人贩运棉纱是要纳税的，假如要在路上经过的地方一一纳税，到了京城钱就所剩无几了，所以才假借受苏轼的委托给其在京城的弟弟送物品的名义行事。他心想，苏氏兄弟名声很大，这样做的话在路上很容易蒙混过关，不用纳税。可是没想到路过杭州的时候就被查出来，而且落在了苏轼手里。吴味道知道自己罪责难逃，进京赶考的事也将成为泡影。

苏轼是读书人出身，他深知寒门士子读书的艰辛。听了吴味道的讲述以后，他不但没有责罚，还将棉纱依价折合成银两付给吴味道，并亲笔题写好自己的姓名官衔和弟弟苏辙在京的详细地址，换下吴味道包袱上的旧封，用来表示托送。他还嘱咐吴味道，抓紧上路赴京赶考，希望顺利考中。后来，吴味道果然考中，特意致信感念苏轼的宽容之恩。

在这个故事中，苏轼以“海纳百川，有容乃大”的雅量，没有计较吴味道的冒名偷税之罪，反而依价将棉纱折合成银两付给他，既维护了朝廷的法令，也为他赴京赶考提供方便，真可谓是以德报怨了，他开阔的胸怀可敬可佩。用我们今天的话说，苏轼的雅量是充满了“人情味”的。

而这种有着浓厚的“人情味”的雅量是一种大度，一种境界，一种魅力，更是为官者的美德。正如法国作家雨果所说：“世界上最宽阔的是海洋，比海洋更宽阔的是天空，比天空更宽阔的是人的胸怀。”胸怀宽阔，就是雅量。也正是因为这样的雅量，使得苏轼成为了今天我们心目中的苏轼。

知识链接

唐宋八大家 是唐宋时期八大散文代表作家的合称，分为唐二家和宋六家。即唐代的韩愈、柳宗元和宋代的欧阳修、苏洵、苏轼、苏辙、王安石和曾巩。唐宋八大家是主持唐宋古文运动的中心人物，他们提倡散文，反对骈文，给予当时和后世的文坛以深远的影响。唐宋八大家中苏家父子兄弟有三人，人称“三苏”，分别为苏洵、苏轼、苏辙。其中苏洵是苏轼、苏辙的父亲，苏轼是苏辙的哥哥，因此“三苏”又有“一门三学士”之誉。也可用“唐有韩柳，宋为欧阳、三苏和曾王”来概括唐宋八大家。

让 路

古代有一位绅士名叫张文山。他博学多才、谦和守礼，在乡里远近闻名。

一日，张文山要去参加一个诗会，眼看诗会开始的时间就要到了，他赶忙急匆匆地出了门。去诗会有一条必经之路——一座独木桥。刚好这一天赶上了乡里每月最大的市集，来赶集的人也都要从这座独木桥上经过。

张文山刚走到独木桥的边上，看见有一位老婆婆正要从对面上桥。他一想自己是绅士，不能没有风度地叫老婆婆让他先过，于是就礼貌地让老婆婆先过了桥。老婆婆过桥后，他还特意向她点头微笑，老婆婆夸奖他真不愧是大家公认的绅士。张文山听了，心里美滋滋的。老婆婆过了桥，张文山就准备过桥了，恰巧这时他又看见有一个孕妇已经在对面上了桥。尽管心里急着去参加诗会，张文山还是大度地让孕妇先过了桥。孕妇过桥后也夸赞他有风度，他仍是对那孕妇报之一笑。张文山看了看，已经快到正午了，诗会马上就要开始了，再不过桥肯定要迟到的。心里想着，张文山低着头直直冲上了独木桥。

走到一半的时候，张文山却与迎面而来的樵夫撞了个满怀。虽然心急如焚，但是为了保持绅士风度，张文山还是礼貌地对那樵夫说："请让我先过去吧。"樵夫不乐意地回答："你没看见我肩膀上扛着很重的柴火吗？你为什么不让我先过去呢？"张文山也不乐意了，说："你这个粗人！我是要赶着去参加诗会，眼看就要迟到了！"樵夫根本没有要让张文山先过去的意思："就你的时间要紧啊，你不知道今天是这个月最大的一次市集吗？要是去迟了，我这担柴火还能卖给谁？卖不出柴火，我一家老小这个月要拿什么过活啊？你以为我们这些粗人像你们这些自视清高的文人一样，靠写诗做文章就能养家糊口吗？"

二人就这样喋喋不休地吵个没完，谁也不肯给谁让路。张文山一看参加诗会的时间早就过了，索性坐在桥中间不

格言

遇方便时行方便，得饶人处且饶人。

——吴承恩

走了。樵夫心里盘算着，就算此时过了桥，赶集的人也早就走了，既然你赖在这儿不走，我也不会让你过桥的，索性也坐在了桥中间。任凭两人后面等着过桥的人怎么劝说，他们就是互不相让。就这样，两个人僵持着，偶尔争吵几句。

这时，独木桥下漂来一叶小舟，上面坐着一位神态悠然的和尚。张文山赶紧叫住了那个和尚："老师父，请慢行，您来给我们评评理。"和尚问怎么回事，张文山和樵夫分别理直气壮地把事情的经过说了一遍。老和尚问樵夫："你这担柴火能卖多少钱？""如果去得早，能顺利全部卖完的话，可以卖十文钱。"樵夫回答。老和尚"嗯"了一声，继续问道："那现在要是让你先过桥，你这担柴火还能卖完吗？"樵夫听他这么一问更加生气了，指着张文山说："被他这么一挡，市集早散了，我还卖给谁？"这时老和尚不慌不忙地说："既然如此，你为什么一开始不让对方先过桥呢？这样一来，他可以按时去参加诗会，而你也可以早点儿赶到市集，把柴火卖掉了。"樵夫被问住了，无言以对地低下了头。

张文山见樵夫被问住了，心中暗喜，以为老和尚是在帮着自己说话。可他还没高兴完，老和尚又开口问他了："你的诗会很重要吗？""当然，对于我们这些读书人来说，诗会是非常重要的，况且我还是今天诗会的主角！"张文山得意地说道。老和尚还是"嗯"了一声，继续问道："既然它对你那么重要，你为什么不让这位樵夫先过去，这样你便可以按时到诗会当上主角，更何况宽容礼让应该是你们这些读书人必备的品行吧？”张文山没想到老和尚会这样说他，有些急了：“可是在这个樵夫之前，我已经让了两个人，凭什么还要我让他！”老和尚笑笑，说道：“既然此前你都已经让了两个人了，那么你就不能再多让一个人吗？”这下张文山被彻底问住了，他顿时从脸红到脖子，没有再反驳一句。

老和尚最后给他们留了一句话，就乘着小舟飘然而去。

“年轻人，给别人让路的同时也是在给自己让路啊。”

知识链接

市集 也叫“市日”“市场”。中国传统的一种农村贸易组织形式，在北方称“集”，在南方和西南部分地区也称“墟”或“场”。旧时为方便人们进行商品交易，以约定俗成的时间确定集日。农村多以自然村落为址，而城镇集市则以繁华街道而设。集市多属综合性的物资交易，如农业生产用具、日常生活资料和用品，也有五金器材、布匹纺织品等等。集市中还有相对集中的药材市、木料市、蔬菜市、水产市等，不一而足。

一把特殊的“椅子”

在一座不知名的深山里，有一座简陋的禅院，禅院的方丈是一位白发苍苍的老禅师。他带着几个徒弟，年复一年、日复一日地在禅院中修行。

禅院隐藏在重重叠叠的山峦之中，很少有人听说过它，也很少有人到禅院中拜访。老禅师注意到，自己年纪最小的一个徒弟，最近听讲和打坐的时候，常常会走神，呆呆地看着远处的天空。老禅师微微一笑，他并没有提醒小徒弟，也没有责怪他不专心修行。老禅师像什么也没有发生一样，用不疾不徐的声音，继续给徒弟们讲授佛经。

有一天晚上，夜色很好，老禅师做完了每日必做的功课，看到天边一轮明月，一时兴起，想要到院子里散散步。他走到禅院中，徒弟们的房间都已经是一片黑暗，只有他自己的房间还亮着烛光。老禅师在院中四处走了走，突然发现，靠墙的一个角落里，放着一把椅子。月色明亮，老禅师看见椅子上两只清晰的脚印。他抬起头，看到椅子正上方的屋檐上有几块瓦片明显被人踩踏过。老禅师顿时明白了，一定是有人违反禅院的规定，偷偷翻墙出去了。老禅师又想到了自己最小的徒弟近来的种种表现，心里有了数。他抬起头，看着越升越高的明月，眉头微微皱了起来。

老禅师在墙边站了许久。后来，他轻轻挪开椅子，就地蹲在了草丛里。树上响起了一阵阵的蝉鸣，时不时还有蚊子嗡嗡地在他耳边飞。夏天的深夜，天气依旧很闷热，汗水从老禅师的额角不断滴落下来。老禅师年纪大了，蹲了一会儿，双腿就开始发麻了。不知过了多久，老禅师听到墙外传来轻响，心想一定是有人回来了。果然，不一会儿，就有人翻墙进了禅院。老禅师感到脊背上猛地一沉，一个重重的身躯踩在了他的身上，老禅师感到脊背上一阵剧烈的疼痛，赶紧用两手撑住地面，这才没有倒下去。

小徒弟觉得很奇怪。他是傍晚时分偷偷翻墙跑出禅院的。山脚下的小镇这一天有灯会，到处张灯结彩，热闹极

格言

欲温而和畅，不欲察察而明切也。

——《晋　书》

了。他玩了整整一个晚上，天近黎明的时候，才恋恋不舍地从镇上回到禅院。可他记得出去的时候他在墙下放的是一把硬椅子，怎么现在却感觉脚下踩着的是一个软绵绵的东西呢？在半明半暗之中，小徒弟顾不上多想，迅速整理好僧袍准备进屋去打个盹儿。转身时，他朝刚跳下来的地方看了一眼。这一眼看过去，小徒弟吓了一大跳，差点儿没跌坐在地上。他揉揉眼睛，又仔细看了一眼，这才相信自己没有看错。小徒弟“扑通”一声跪下来，带着哭腔说：“师父！我错了！您责罚我吧！”原来，在黑夜中，他竟然把师父的脊背当作是椅子，踩着师父的脊背跳进了院子。小徒弟跪在地上，再也说不出一句话。他想，这次偷跑出去玩，已经犯了寺规，刚才又踩着师父的脊背跳下去，就算师父大发雷霆，把他赶出禅院，也不算重罚。但是，出乎小和尚意料的是，老禅师并没有责罚他，而是看了他一眼，温和地说了一句：“快点儿回屋休息吧。”然后转身默默离开了。

小徒弟呆呆地看着师父的背影，心还在咚咚地跳动。眼看天就要大亮了，小徒弟不敢再多耽搁，赶紧把椅子搬回禅院，偷偷溜回了屋子，屋里的其他人都睡得正熟。小徒弟蹑手蹑脚地爬到床上，心里稍微踏实了一些。起床后，其他人并不知道昨天夜里发生了什么，只是有人看到小徒弟满眼血丝，一副没睡够的样子，便关心地问他：“你怎么了，看起来很累的样子？”小徒弟被这么一问更加心虚，他结结巴巴地说：“大……大概是天气太热了吧，昨天晚上没怎么睡。”

每日例行的早课即将开始了。徒弟们排成一列，一个接一个进入禅院的正殿。小徒弟忐忑不安，他是最末一个进去的。一进正殿，他就向师父所在的位置偷偷瞄了几眼。老禅师目光平和，神色安然，在他脸上看不出什么特别的表情。小徒弟安了安神，和其他人一起，在师父的带领下闭目诵读佛经，朗朗的诵经声在殿堂中回荡。虽然小徒弟嘴里念着佛经，但是他的心早就不知道飞到哪里去了。他一会儿想到昨天夜里山下小镇热闹的灯会，一会儿又想到师父到底要怎么责罚自己，心里乱极了。

小徒弟在不安中度过了漫长的一天。第二天、第三天……老禅师始终不提那天夜里的事。一开始，小徒弟松了一口气，觉得没有遭到责罚，心里轻松了不少。可是后来，他却越来越感觉到内心的愧疚。他想了又想，恍然大悟：其实，早在师父蹲在草丛中，用脊背取代自己放置的椅子时，师父就已经发现他的违规行为了。可是师父不仅没有批评自己，甚至没有把这件事向全寺公开，这是师父用宽容给自己一个自省的机会啊。小徒弟感动得泪流满面。

在那之后，哪怕是在不可能被人发现的情况下，小徒弟再也没有做出任何违反寺规的事情，他用自戒自律和专心修行回报了师父的宽容。几十年后，他成了那座禅院的禅师，每天的例行早课上，他都会把自己当年的这个故事讲给徒弟们听。

知识链接

中国四大佛教名山 山西五台山、浙江普陀山、四川峨眉山、安徽九华山，这四座名山分别有“金五台、银普陀、铜峨眉、铁九华”之称，是我国著名的佛教圣地，分别供奉着文殊菩萨、观音菩萨、普贤菩萨、地藏菩萨。四大名山都以历史悠久而闻名，它们都是随着佛教的传入，自汉代开始就广建寺庙、修道场，宗教气脉一直延续至今。四大名山不仅具有丰厚的宗教文化遗产，同时也具有丰厚的历史文化遗产。在今天，它们都已成为蜚声中外的宗教、旅游胜地。

生死抉择

这是一场惨烈的战争，几乎所有士兵都丧命在敌人的刀剑之下。命运将两个地位悬殊的人推到一起：一个是年轻的指挥官，一个是年老的士兵。从腥风血雨中挣扎出来的他们，狼狈地在奔逃中相遇，两个人不约而同地选择了相同的路径——沙漠。气势汹汹的追兵则止步于沙漠的边缘，因为他们不相信有人会从那里活着出去。

年轻的指挥官颓丧地骑在马上，任由疲惫不堪的战马慢慢往前走，老兵惊恐未定地跟在马后。“长官，您带上我吧，我从小生活在这沙漠附近，这么多年来早就学会了如何在沙漠中辨认方向，我可以帮你走出沙漠活下去的。”老兵哀求道。“活下去？我还有什么资格活下去？”指挥官心想。他麻木地下了马，回头看到老兵花白的双鬓，心里不禁一颤：“由于我的指挥失误，几万个鲜活的生命从这个世界上消失。我是他们的指挥官，即使只剩一个士兵，我也有责任保护这最后一个。我要把马留给他，让他活着走出沙漠！”心意已决，他不顾老兵的推托，将老兵扶上了战马。到处是金色的沙丘，阳光照耀下的茫茫沙海中，满眼所见，没有一个标志物，根本无法辨认方向。“跟我走吧。”老兵对指挥官说。老兵把马掉了个头，艰难地走着。指挥官则一言不发，默默地跟在他的后面。烈日犹如下火一般，将沙粒烤得发烫，他们没有水，也没有食物，不到一天的时间，两人都觉得体力不支，喉咙更干得几乎要冒烟。老兵说：“把马杀了吧！”指挥官怔了怔：“唉，这匹战马已跟随我多年，但如今要想活着也只能如此了。”他含泪取下了腰间的军刀……

“现在没有马了，你背我走吧！”老兵毫不客气地对指挥官说。指挥官已经筋疲力尽了，但是一想到老兵此时不得不在沙漠中逃生，完全是因为自己的指挥不当，便坚定了此刻唯一的信念：一定要让老兵活下去！指挥官步履蹒跚地走向老兵，将他慢慢背起来。两个人就这样一步一步地前行着，在大漠上留下了一串串深陷的脚印。

一天，两天，三天……十天。茫茫的沙漠好像无边无际，到处是灼烧的沙砾，满眼是弯曲的线条。白天，指挥官是一匹任劳任怨的骆驼；晚上，他又成了最体贴周到的仆人。然而，老兵并没有表现出一丝的感动，反而他的要求越来越多，也越来越过分：除了经常对指挥官大发脾气，羞辱谩骂之外，老兵还会将两人每天共同的食物吃掉一大半，将每天定量的马血多喝掉好几口。年轻的指挥官从没有怨言，自己是生是死无所谓，他只希望老兵能活着走出沙漠。

沙漠恶劣的环境和气候不断消磨着人生存的希望。随着食物和水的不断减少，他们越来越虚弱，特别是老兵。终于有一天，老兵奄奄一息地对指挥官说："你走吧，别管我了。我不行了，你自己逃出去吧。""不，我早就没有了生的勇气。我害死了那么多人，即使活着我也不会得到别人的宽恕。"指挥官眼含热泪，喃喃地说。一丝苦笑浮上了老兵的面容，他的眼睛也慢慢湿润了。"说实话，这些天来，难道你就没有感到我一直是在故意刁难和拖累你吗？我以为你肯定会受不了我这样一个低级士兵对你的无礼，会一刀杀了我。可是，我没有想到，你始终默默地照顾我，

格言

生活中有许多这样的场合：你打算用愤恨去实现的目标，完全可能由宽恕去实现。

——西德尼·史密斯

没有想到你的心可以包容下这一切。”“我想让你活着，你让我想起了我的父亲。我无法向那些死去的士兵交代，我早该去死了，保护你走出沙漠是我要做的最后一件事。”指挥官痛苦地说着，眼泪不由自主地流下来。老兵虚弱地摇了摇头，挣扎着解下了身上的一个布包：“拿去吧，这里面有水，也有吃的，还有指南针，你朝东再走一天，就可以走出沙漠了，我们在这里浪费的时间实在太长了……”老兵慢慢闭上了眼睛。“你醒醒，我不会丢下你的，我要背你出去！你醒醒！”指挥官一声声地呼唤着老兵。奄奄一息的老兵用尽最后一丝力气，睁开了眼睛：“唉，难道你真的认为沙漠这么漫无边际吗？……其实我们从最开始只要走三天，就可以出去……而我，只是带你走了一个圆圈而已。我亲眼看着我的两个儿子死在敌人的刀下，他们的血染红了我眼前的世界。是因为你的指挥不当……我曾想与你同归于尽，一起耗死在这无边的沙漠里……可是……可是你用你的胸怀融化了我内心的仇恨。现在……我请你原谅我这么多天来的行为……更请你好好活下去吧……只有能宽容别人的人，才配得到他人的宽容……”说完，老兵闭上了眼睛，再也没有醒来。

指挥官震惊地跪在老兵的身边，仿佛又经历了一场战争——一场人生的战斗。他犯过错，甚至想以死赎罪，但此刻他得到了一位父亲的宽容，重新明确了生命的意义：

武力征服的只是人的躯体，而爱和宽容赢得的是人心。他安置好老兵的遗体，向着希望走去。

知识链接

四大发明 是指中国古代对世界具有很大影响的四种发明，即造纸术、指南针、火药、活字印刷术。这一说法最早由英国汉学家李约瑟提出，后来被许多中国的历史学家所验证，普遍认为这四种发明对中国古代的政治、经济、文化的发展产生了巨大的推动作用。这四大发明经由各种途径传至西方，对世界文明发展史也产生了很大的影响。其中指南针是用来辨别方位的一种简单仪器，又称指北针。常用于航海、大地测量、旅行及军事等方面。

李叔同的为师之道

弘一法师，俗名李叔同。他因为在诗词、书画、篆刻、音乐、戏剧等多个艺术领域取得的巨大成就，而被誉为百年一遇的通才和奇才。李叔同不仅身兼绝艺，而且在人格方面也为后世树立了光辉的榜样，引得无数后人仰慕不已。在与人交往中，李叔同始终把宽容当作为人处事的基本原则。在他眼里，人与人之间的相处之道，最重要的是宽容。他认为，在人与人相处的时候，最难得的是那种不求回报的给予，因为它以爱和宽容为基础。他曾经说过："以宽厚的心胸来对待同仁、朋友，就像春天的阳光一样，使每个接触的人备感到温暖、祥和。"

李叔同 1905 年东渡日本留学。在东京，他学习了音乐、绘画、戏剧等艺术门类。五年后，他毕业回国，在天津工业学堂当了两年老师。随后，他应聘到杭州浙江第一师范学校教书，主要教授图画和音乐两门科目。这两门学科本来是学生们不太重视的，但自从李叔同成为任教老师以后，却忽然被重视起来，甚至几乎全校学生的注意力都被他吸引了过去。一时间，课余但闻琴声歌声萦绕于耳，假日常见学生成群结队外出写生，整个校园热热闹闹、生气勃勃。

究其原因，一方面是因为李叔同在上述两科上面的深厚功底，教起学生来得心应手；另一方面也是由于他的感化作用。而他的感化力，全由他对待学生和蔼的态度中产生出来。单说音乐，学生上他的音乐课，都有一种特殊的感觉，那就是轻松和新鲜。响过预备铃，学生走向音乐教室，推门进去，每次都看到李叔同先生早已端坐在讲台上了。那些以为先生还没有到，而嘴里随便唱着喊着，或是笑着骂着推门进来的学生，一下子便觉得很不好意思，都低着头，红着脸，快速坐到自己的位子上去了。他们偷偷地仰起头来端详这位先生——高高的个子，瘦削的身躯，穿着整洁的黑布马褂。宽阔的前额，细长的眼睛，隆正的鼻梁，扁平宽阔的嘴唇两端有道深窝，脸上流露出威严而又和蔼的表情。

格言

宽容不是即兴行为，而是一种不变态度。

——马丁·路德·金

而他的讲桌上也已经摆好了点名簿、讲义以及教课笔记簿、粉笔盒。钢琴的护罩早已经卸下，琴案上也放好了本节课的讲授内容，同时黑板上也清楚地写好了授课的题目，他就那么安静和蔼地坐着。上课铃响了，他准时站起身来深深地一鞠躬，然后开始上课。有时，有的学生上课时不唱歌而看别的书，遇到这种情况，要是别的老师早就大发雷霆了，但李叔同却没有。下课后，李叔同用很轻却很有力度的声调郑重地说："某某同学，你等一等出去。"于是，这位同学只得站着。等到别的同学都出去了，他就会很和蔼地对这个学生说："下次上课不要看别的书。"说过后，他微微一鞠躬，除此之外再没有任何批评的话，但那位上课看别

的书的学生早已羞愧到脸上发烧发红了。

有一次下课时，一位出去的学生把门一带，碰得非常重，发出很大的声响，把大家都吓了一大跳。等这个学生走了数步之后，李叔同走出门来，满面和气地叫他回来。进了教室，李叔同用很温和的语气对他说："下次走出教室，请轻轻地关门。"说着也是对他一鞠躬，送他出门，并且自己轻轻地把门关上。

在李叔同的课堂上，不管发生什么事情，他对学生总是持一种宽容的态度。他总是慈眉善目，和颜悦色，从来没有在课堂上发过脾气，也从来没有训斥过谁。因此，学生们都喜欢上他的课，就是这种春风化雨、润物无声的教育，让学生们感受到了李叔同的包容与关爱。

"宽著以心待同群，须如一片春阳，无人不暖。"这是李叔同留给后人的箴言。李叔同用自己的实际行动践行了这一箴言，因而受到了学生的爱戴推崇和后人的敬仰。

知识链接

李叔同 祖籍浙江平湖，生于天津。中国话剧的开拓者之一，在音乐、书法、绘画和戏剧方面，都颇有造诣。从日本留学归国后，担任过教师、编辑等职，后剃度为僧，法名演音，号弘一，晚号晚晴老人。李叔同是“二十文章惊海内”的大师，集诗词、书画、篆刻、音乐、戏剧、文学于一身，在多个领域，开中华灿烂文化艺术之先河。弘一法师一生严守佛教戒律，悲天悯人，生前每次在坐藤椅之前总是先摇一下，以免藏身其中的小虫被压死。其临终时曾要求弟子在龛脚垫上四碗水，以免蚂蚁爬上尸身被不小心烧死，其善心可见一斑。另外，李叔同作有《送别》一曲，填词是：长亭外，古道边，芳草碧连天。晚风拂柳笛声残，夕阳山外山。天之涯，地之角，知交半零落。一觚浊酒尽余欢，今宵别梦寒。这首歌曲广为传唱，其歌词也被誉为20世纪最优美的歌词。

大作家与小书童

林语堂是一位著名的现代作家，写下了许多深受欢迎的作品。晚年的时候，林语堂在美国定居，他渐渐发现自己的眼睛开始看不清东西，必须努力眯缝双眼，才能勉强看清稿子上的字迹。家人送林语堂去医院检查，医生检查后对林语堂说："林先生，您的眼睛老花得太严重了，如果您要继续写作读书，我建议您最好雇用一个助手。"

林语堂的夫人便在报纸上登载了一则雇用启事。没过多久，有一天，林夫人正在忙忙碌碌地做家务，敲门声忽然响了起来，怯生生的，轻轻的。

林夫人打开门，眼前是一个矮小瘦弱的男孩儿，他一脸稚气，一双眼睛又大又亮，透着一股聪明劲儿。

"你是谁呀？"林夫人笑着问这个孩子。孩子举起手，原来，他手中还握着一卷报纸："您好，请问这里是林语堂先生家吗？我在报上看到了你们的启事，我想我可以帮林先生看书写作——我的眼睛好极了。”男孩儿满脸期待地注视着她。

林夫人有些惊讶，她想了半天，不知道应该怎么回答这个孩子。林语堂听到动静，走了过来，他看了看那个男孩儿，又看了看夫人，问：“这个孩子是谁啊？”

男孩儿看到面前身穿长衫，衔着烟斗，面孔慈祥而温和的老人，一下子猜到了他是谁。他立刻急切地对林语堂说：“您就是林语堂先生吧！我识字，我的眼睛看东西特别清楚，请您把我留下当助手吧！”

林语堂和他的夫人都很喜欢这个可爱的孩子，但是他看起来太小了，雇用他真的合适吗？两人有些迟疑。孩子激动地说：“林先生，林太太，求求你们了。我家里很穷，想赚些钱帮助家里，你们不要看我小，我能做很多事的！”

林语堂笑了：“好吧，我答应你了！不过，能先告诉我你叫什么名字，今年多大了吗？”

男孩儿挺挺胸脯，说：“我叫阿芳，今年十五岁。”

格言

宽容是一种生活态度。

——潘基文

从此，阿芳留在了林语堂身边，帮助他查阅资料，整理书稿，还主动承担了一些家务。林语堂出门时穿的皮鞋，总是由阿芳帮他擦。阿芳擦出来的皮鞋又黑又亮，林语堂满意极了。阿芳很好学，每天都会用很多时间念书识字，在林语堂有空的时候，就向林语堂请教。有了阿芳，林语堂的写作效率高了不少，林语堂很是喜欢他，总是亲切地叫他“我的小书童”。

小书童阿芳在林语堂身边待久了，渐渐流露出了小孩子调皮好动的本性。林语堂本来就是一个为人宽和的人，再加上他又很疼爱还是个孩子的阿芳，结果，阿芳被林语堂宠坏了，不再像刚到林语堂家中那样勤劳懂事。

有一次，林语堂让阿芳去买火柴，他一去就是两个小时，回来时带了一双新布鞋和一只蚱蜢，就是没有火柴。吃过晚饭，阿芳把簸箕丢在厨房里，把扫帚留在衣柜中，不去清理餐盘，却跑到花园里玩蚱蜢。要是让阿芳去准备早餐，那就更糟糕了，厨房里一定是不绝于耳的乒乒乓乓声，阿芳做一次早餐，打碎的碗碟比其他用人一年打碎的都要多。林语堂没有办法，只好又请了一个二十岁出头的女工。阿芳越发无法无天，整天和新来的女工玩闹，该做的工作没有一件做得好，连每天例行的擦皮鞋也是草草了事。

林语堂的夫人实在看不下去了。一天，吃过晚饭，她板着脸对阿芳说：“阿芳，如果明天早上六点半你不给林先生把皮鞋擦亮，并在卧房前摆好，我们一定辞退你。”看到林夫人的脸色，阿芳知道，林夫人这一次是真的生气了，可是自己又实在不愿意早起，那怎么办呢？

第二天清晨，林语堂六点就醒了，故意不起床，而是竖着耳朵静听门外的动静。一会儿，轻微的脚步声响起，新来的女工把皮鞋放在了林语堂的卧室门口。“不是叫阿芳来吗？你为什么替他来？”林语堂故作气愤，厉声喝问。

“我正要上楼，顺便替他带来。”

“他自己不会带来吗？是他叫你替他，还是你自己做主？”

“他没叫我，是我自己做主。”

林语堂心知肚明，阿芳一定还在睡觉。但是他笑一笑，没有再追究下去。

阿芳果然还在床上呼呼大睡。后来，女工把这件事告诉了阿芳。阿芳满脸通红，他知道林先生肯定猜到了真相，只不过不跟自己一般见识而已。女工感叹地说：“阿芳，你在林先生身边工作了这么久，据我看，你好多次调皮捣蛋，林先生都清清楚楚，只不过从不轻易教训你、骂你罢了。你知道林先生怎么说吗？他有一次告诉我，阿芳还是一个孩子，我想给阿芳一个自己反省改过的机会。阿芳，林先生对你的一片心意，你可不能糟蹋了呀！”

听完女工的一番话，阿芳惭愧极了。和林语堂先生共处的这段时间，一桩又一桩的小事全都浮现在他的心头。阿芳赶紧跑上楼，见到书房里的林先生，他“咚”的一声跪下，双眼含着泪说：“林先生，我错了！阿芳嘴笨，您今后看我的行动吧！”

林语堂笑了：“傻孩子，跪着干什么？快站起来。”阿芳站起身，胡乱地擦拭着眼泪。林语堂好像什么都没有发生一样，嘱咐他把自己新写的稿子誊抄一遍。从此以后，阿芳又成了那个谦虚好学、办事认真谨慎的小书童。他和大作家林语堂之间，也结成了远胜于主从的亲密友谊。

知识链接

林语堂 福建省龙溪人，原名林和乐。他是中国现代著名的学者、文学家、语言学家。早年留学国外，回国后在北京大学等著名大学任教，创办了《宇宙风》等杂志，提倡“以自我为中心，以闲适为格调”的幽默小品文。定居美国后，林语堂写下了许多深受中外读者欢迎的小说、散文，如《京华烟云》《生活的艺术》等。他是第一位以英文书写扬名海外的中国作家，也是集语言学家、哲学家、文学家于一身的著名学者。

带墨点儿的白衬衣

金小风灰溜溜地走在人来人往的大街上，同时，她那带着墨点儿的衣裳里还揣着一颗灰灰的心。她踢着路边的石子儿，口中喷着白气，后来索性停住了，呼哧呼哧干瞪眼。

是什么事让她这么生气呢？事情还要从今天早上说起。

今天早上金小风穿了妈妈给她买的一身新衣服：衬衣是雪白的，白地儿的裙子配上浅蓝色的小花，还搭配了一个酷味十足的小马甲。呵，真神气！穿上这身新衣服，小风开始了愉快的一天。可是没想到，这样愉快的一天却发生了一件不愉快的事情。作文课上，金小风正在认真地构思，突然听到后座牛大强一声惊叫，金小风连忙转过身，想要看看到底发生了什么事情。原来牛大强的钢笔一会儿下水，一会儿不下水，气得他赌气地猛甩了几下，结果就是：钢笔懒散地滴下了几滴墨水，足够写出十多个字来，可是金小风的白衬衣却“惨遭横祸”。牛大强呆了，盯着金小风的衣服半天说不出话来。这时，金小风也看到了自己白衬衣上的墨点儿，她顿时委屈得快要哭了出来。牛大强半天才缓过神儿来，连忙道歉："小……小风，对不……起啊，我……我……我不是故意的……小风……你别哭啊。"金小风红着眼，拼命止住泪水，自己也不知道该说什么，只委屈地小声说："你……你……你……"之后就把头埋进臂弯抽泣起来，肩膀一颤一颤的。牛大强在一边一遍一遍地重复着刚才的话……

到了放学的时候，金小风慢慢起身，拾起桌上的铅笔、本子、直尺，一样一样地装进书包。此时，她的心情复杂极了：自己不像班里有些女生，要是遇上类似的情况，就恨不得气死，疯了似的对那人又打又骂还要赔偿。小时候妈妈就教导自己说骂人不对，再说自己也没有那样的习惯。可是这件衣服是自己最喜欢的呀！还是妈妈给新买的……想到这儿，眼泪又在小风的眼里打转了。而此时，牛大强的心里也有说不出的难受：他知道沾上墨水的衣服有多么

格言

大足以容众，德足以怀远。

——《淮南子》

难洗，而金小风穿上这件衣服又是那么的美丽可爱，她一定很喜欢它，而自己却偏偏糟蹋了这件衣服，伤了金小风的心。牛大强慢慢站起来，走到金小风旁边，咬了咬嘴唇，掰着手指小声说："金小风，我错了，我让我爸爸再给你买一件新的吧……""我才不要你买！"金小风气呼呼地头也不回地跑出了教室。

到了家门口，金小风把钥匙插在锁孔里，稳定了一下情绪，打开了门。"小风回来了？"妈妈笑吟吟地走过来，见小风一直背着书包不肯放下，又问道，"告诉妈妈，怎么了？"妈妈眼中充满了慈爱。

金小风一点儿一点儿把书包移开，妈妈看见白白的衬衣上有几个十分显眼的小墨点儿。小风说了今天她在作文课上，牛大强怎么样弄脏了她的衣服。"妈妈，你给我们老师说说吧！"小风对妈妈说。妈妈笑了笑，说："先吃饭吧。"

吃完饭，小风坐在电视机前，周五晚上好看的电视节目有很多，可怎么也激不起她的兴趣。妈妈走出来，手中拿着几个五颜六色的线筒，说："小风，我教你绣花好吗？"

"绣花？"小风眼前一亮，她觉得十分新奇，兴奋地学了起来，白天发生的不愉快也忘得一干二净。

第二天一早，小风起床后，妈妈已经外出了，茶几上放着小风昨晚绣的小花，还有一小碟热乎乎的鸡蛋饼。金小风坐下来准备吃早餐，发现茶几上还放着一张字条，妈妈娟秀的字体映入了她的眼帘：

小风：

同学之间有些小摩擦是难免的。牛大强不小心弄脏了你的新衣服，他并不是故意的，对不对？他已经承认了错误，你应该原谅他，对不对？你知道妈妈为什么要教你绣花吗？开动你的脑筋，用你灵巧的小手行动起来吧！我相信你一定会做得很漂亮的。你说呢？

妈妈

小风读完妈妈的留言，又看到字条旁边放着的带墨点儿的白衬衣，想了一会儿，拿起了绣花针。她用五颜六色的线绣出了一朵朵漂亮的小花，遮住了衣服上的墨点儿。这些小花好像开在她雪白的衣服上一般，特别好看！绣着绣着，小风的心就像被一股巨大的暖流涨满了。她满足地看着衬衣，此时，她在心里已经彻底原谅了牛大强。是啊，有什么能比用宽广的胸怀对待朋友更重要呢？小风想着想着，突然跑进卧室，拿出了她最心爱的小手绢，在上面绣了两个字：“宽容”。在一针一线里，她仿佛一下子成长了很多。

知识链接

刺绣 刺绣是针线在织物上绣制的各种装饰图案的总称。就是用针将丝线或其他纤维、纱线以一定图案和色彩在绣料上穿刺，以缝迹构成花纹的装饰织物。它是用针和线把人的设计和制作添加在织物上的一种艺术。刺绣是中国民间传统手工艺之一，在中国至少有两三千年的历史。中国刺绣主要有苏绣、湘绣、蜀绣和粤绣四大门类。刺绣的技法有：错针绣、乱针绣、网绣、满地绣、锁丝、纳丝、纳锦、平金、影金、盘金、铺绒、刮绒、戳纱、洒线、挑花等等，丰富多彩，各具特色。刺绣的用途主要包括生活和艺术装饰两大类。

沉重的土豆丝

朋友曾经对我讲述过这样一个关于她自己的故事：

我是一个独生女，父母都是高级知识分子，他们从小就对我十分严厉。虽然在生活上不亏待我一点儿，但是在思想上却很少和我交流，在学习上更是高压管制，从不放松。当时，我只觉得他们很残酷，现在才明白，他们和其他望子成龙的父母没什么两样，只不过方式不同而已。

我十分孤独。所以从开始学习写作文起，我就养成了写日记的习惯。每天晚上做完功课之后，我都要尽情地在日记上倾吐我的酸甜苦辣和私密情感。日记，成了我最要好的朋友。后来，我考上了我们市的重点高中。学校离家很远，为了节省往返的时间，我每天早上都带着午饭去上学，中午在学校里把饭一加热，就在教室里吃。当时，我们班里带午餐的同学还挺多，大家免不了会凑在一起吃饭，要是觉得哪个同学带的什么菜好，我就会在当晚的日记里提上一笔。

当然，要是有人夸我带的菜好吃，我也会顺手写上两句。

开始还没留意，后来，我慢慢发现，凡是我在日记里记过的那些味道不错的好菜，隔上一两天，妈妈就会让它们出现在我的饭盒里。莫非她偷看了我的日记？我不愿意相信。在这之前，我从没想过这个问题。我的日记本就在抽屉里放着，我从没有上过锁。我丝毫没有怀疑过父母，他们一个是工程师，一个是编辑，那么温文尔雅，风度翩翩，怎么会做偷看我日记的事情呢？但是，我不愿意看到的事情还是发生了。我发现日记本里的书签好几次被动了地方——对这种细节，青春期的我有着一种异乎寻常的敏感。可是我还是没有贸然出击，我想了一个花招儿。

一天晚上，我在日记里写道："中午，大家在教室里吃各自带的盒饭，张伟丽带的是土豆丝，是用青椒丝和肉丝拌着炒的，脆脆的、麻麻的，特别香！张伟丽的妈妈真好！张伟丽真幸福！"第二天早上，我打开饭盒，映入眼帘的便是青椒丝和肉丝拌着炒出来的香喷喷的土豆丝！我愤怒

格言

不会宽容别人的人，是不配受到别人宽容的。

——屠格涅夫

极了，正值青春叛逆期的我失去了控制，当即就把饭盒扣到了地上。妈妈吓愣了，呆呆地看着我。我冷冷地说："你们是不是看了我的日记？"妈妈说不出话来。这时，爸爸走过来说："你这半年来越来越内向，我和你妈妈尝试了各种办法和你交流，你就是不愿意和我们多说一句话。我们也是担心你。你妈妈是无意中才看了你的日记的，就算我们有做得不对的地方，你也不能这样对待你妈妈啊！"我叫道："那你们是怎么对待我的？你们知不知道你们这种行为有多么不道德！多么卑鄙！"说完，我就冲出了门，在大街上逛了一天。

那是我第一次逃学。我忽然发现这个世界实在是令我失望：连父母都不值得信任，生命还有什么意义？连生命都没有什么意义了，那么学习成绩、高考、前途等等这些附属品更不值得一提了。现在想起来似乎难以置信，但是那时候，我的确就是钻进了牛角尖里，开始了严重的心理封锁和自我幽闭。往后的事情愈发不可收拾：由于我的状况已经严重地影响到了我的学习，也影响到了其他同学，被学校建议休学一年。那时候，心理医生和心理诊所还是个许多人闻所未闻的新鲜名词。休学之后，我整天待在家里，和父母几乎不搭腔。他们想和我说话，我也不理他们，只是把自己关在房里胡思乱想，有几次甚至差点儿割腕自杀，因为勇气不足而临阵退却了。短短一个月的时间，我发现爸爸生出了许多白发。后来，他给我办了一张市图书馆的借书证，默默地放在我的桌上。我终于走出了家门，开始去图书馆看书了。就这样，我熬过了漫长的一年——现在想来，能熬过那一年，还真亏了那些书呢。再后来，我到了一所普通高中复读，并考上了大学，毕业后顺理成章地参加了工作。不知不觉间，我的生活又步入了正轨。唱歌、跳舞、交朋友，成了一名平凡而快乐的年轻人，以前的阴影似乎淡淡隐去了。

二十四岁生日那天，妈妈做了很多菜——二十四岁是本命年，父母相当重视。其中一道菜就是土豆丝。看到土豆丝，我一下子又想起了陈年旧事，便以开玩笑的口气对他们回忆起我当时的糟糕状况。没想到父母当时就都哭了，妈妈说："你知道这些年来我是怎么过来的吗？看到一盒土豆丝把你弄成了那样，想和你道歉，想和你聊天儿，你都不让。我心里真的比刀割还难受！"我震惊极了。我从没有想到那盒土豆丝居然在父母的心上也压了那么多年，并且变成了沉重的千斤担，而且他们负载的是自己和女儿的双重痛苦。

当年他们固然有错，但从根本上说，也是为了我好。他们虽然是父母，可也并不是圣人。他们也有犯错误的时候，也有在人生中学习的权利。他们也像我一样，是个会受委屈的"孩子"，需要在犯错误时和在学习的过程中得到理解和宽容。

此时，我终于明白了，也许我们对待父母最公正的态度，就是用成人的态度而不是孩子的态度。只有这样，我们才可能与他们平等地进行沟通和交流，才能设身处地地去理解他们，去宽容他们。

父母虽然有时不能理解我们，但他们的爱仍然是我们生命中最重要最宝贵的财富！如果父母的爱能够宽容我们，我们的爱也能够宽容父母，那么爱和宽容便可以成为我们生命中最重要、最宝贵和最美好的财富。

知识链接

本命年　本命年就是十二年一遇的中国农历属相所在的年份，俗称属相年。在传统习俗中，本命年常常被认为是一个不太吉利的年份。“本命年犯太岁，太岁当头坐，无喜必有祸”的民谣是关于本命年不甚吉利的最好写照。故民间通常把“本命年”也叫作“槛儿年”，即度过本命年如同迈进一道槛儿一样。每到本命年时，我国很多地区的人们，不论大人小孩儿都要买红腰带系上，俗称“扎红”。小孩儿还要穿红背心、红短裤，认为这样才能消灾免祸、逢凶化吉。每逢春节，市场上到处有出售“吉祥带”“吉祥结”的红黄绸带，本命年的人们把它们系在腰间、手腕上，据说可以赶走坏运气。

吉姆的选择

吉姆十三岁时，住在美国宾夕法尼亚州的一个小镇上。他有一只名叫鲍恩斯的狗，那是一只身份不明的野狗，它是有一天吉姆放学后跟着他回到家的。鲍恩斯是那种硬毛杂种猎犬，只是皮毛显橘黄色。吉姆和它成了亲密的朋友。吉姆进树林去采蘑菇，它就在吉姆的身边嬉戏，吉姆制作飞机模型时，它就躺在吉姆的脚边睡觉。吉姆真是太喜欢这只狗了。

那年夏天，吉姆去纽约参加了一个夏令营活动。当夏令营结束，吉姆回家时，不见鲍恩斯像往常一样在门口迎接他。吉姆进了家门，赶快跑到厨房问妈妈是怎么回事。妈妈领着吉姆进了屋：“十分抱歉，吉姆，你的鲍恩斯不在了。”母亲伤感地说。“它跑了吗？”吉姆问。“鲍恩斯没有跑，儿子，它死了。”吉姆简直不敢相信自己的耳朵，哽咽着问：“出了什么事？”“它被咬死了。”“怎么被咬死的？”

妈妈把目光转向爸爸，爸爸清了清嗓子说："隔壁邻居的狗弄断了链子，跑来咬死了鲍恩斯。"吉姆惊得目瞪口呆。

隔壁家的狗名叫博吉，是一只英国哈巴狗，平常总是用链子拴在邻居家后院的铁丝围栏上。吉姆既伤心又气愤，当天晚上难以入睡。第二天早上，吉姆走到邻居家的后院去看那只咬死了鲍恩斯的哈巴狗，希望能从它布满斑点的身上至少发现一个鲍恩斯反击后留下的伤口，然而却什么也没有找到。只见那只敦实的恶狗被一条比原来更粗的链子拴着。每当看见可怜的鲍恩斯那空荡荡的狗屋、它再也用不上的毯子、它的食物盆时，吉姆就禁不住怒火中烧，他恨透了博吉。是它，夺走了吉姆最要好的朋友的生命。吉姆决定要为鲍恩斯报仇！

一天早上，吉姆从壁橱里取出爸爸的猎枪，来到后院，爬上了一棵苹果树。他俯在高处的树干上，看见博吉沿着铁丝围栏来回闲逛。吉姆举起猎枪透过瞄准器盯着它，可是正准备射击时，树叶挡住了吉姆的视线。突然，树下传来妈妈短促的惊叫："吉姆，你在树上干什么？"没等吉姆回答，她就转身跑进了屋里。吉姆知道她准是去给在五金店工作的爸爸打电话。果然，没过几分钟，爸爸的汽车就出现了。爸爸从车里走出来，径直向苹果树走来。"吉姆，下来。"他伸出手，对吉姆说道。吉姆很不情愿地合上猎枪的保险栓，跳到草地上。然而，爸爸什么都没有说，转身进屋去了。当天晚上，吉姆一家人像什么都没发生一样，

格言

忍耐是痛苦的，但它的结果是甜蜜的。

——卢梭

一起吃饭、看电视、玩游戏。

第二天早上，父亲临出门前对吉姆说:“吉姆，今天放学以后，你到五金店里来一趟。”放学后，吉姆拖着懒懒的脚步来到爸爸的五金店，心想他准是要自己擦玻璃或是干其他什么活儿。一进店里，爸爸就带着吉姆进了储藏室。他们慢慢地绕过一桶桶钉子、一捆捆铁丝，最后来到一个角落。只见吉姆的死敌博吉被拴在一根柱子上，蜷曲着一动不动。“哈巴狗在这儿，”爸爸对吉姆说道，“如果你还想干掉它的话，这是最容易的办法。”他递给吉姆一支短筒猎枪。吉姆举起枪，瞄准博吉。博吉用它那双棕色的眼睛盯着吉姆，张开长着獠牙的嘴，吐出粉红的舌头，大口大口喘着粗气。吉姆的心因为紧张和兴奋，扑通扑通地剧烈跳动着。

就在吉姆准备扣动扳机的那一刻，千思万绪闪过他的脑海。爸爸平静地站在他的身旁，但是吉姆的心情却无法平静。涌上吉姆心头的是平时爸爸妈妈对自己的教诲:对无助生命的责任和宽容。吉姆想起了当他踩坏了爸爸刚修剪过的草坪、当他打碎了妈妈最心爱的花瓶，他们还是一如既往地爱着自己。突然，吉姆觉得手中的猎枪变得异常沉重起来，眼前的目标也开始模糊。终于，他放下猎枪，对着爸爸摇了摇头。只见爸爸的脸上露出一丝欣慰的笑容，然后他抓住吉姆的肩膀，缓慢地说道:“好样的，儿子。你做出了正确的选择!”这时，吉姆才明白，原来爸爸从未想过自己会扣动扳机，他用明智而深刻的方式让自己做出了决定。吉姆和爸爸一起解开了博吉身上的链子。博吉亲昵地蹭着他们父子俩，使劲地摇晃着短尾巴。那天晚上，吉姆感到无比轻松，睡了几天来的第一个好觉。

从此以后，吉姆多了一个好朋友，它的名字叫博吉。

知识链接

五金　五金，指金、银、铜、铁、锡五项金属材料，五金是工业之母和国防的基础。五金材料的产品，通常分为大五金和小五金两大类。大五金指钢板、钢筋等各类钢铁材料。小五金则是建筑用的钢铁丝网和家庭五金，如钳子、扳子、螺丝刀等各种工具。五金的应用，对人类文明社会历史的发展起到了重要的作用。五金制品也出现在经济生活、政治生活以及军事活动的各个角落。浙江永康，自古就被称为“百工之乡”，五金手工业更是源远流长。自南宋开始就有永康的五金工匠走南闯北、出外谋生，历史上早有“五金工匠走四方、府府县县不离康”之说。五金店则是指专卖锯子、钻子、螺丝、水龙头、锁、管子、打气筒、电线等小五金商品的商店。